„Das Leben ist eine Kombination aus Magie und Pasta."
(Federico Fellini, italienischer Filmregisseur)

Unser Verlagsprogramm finden Sie unter www.christian-verlag.de

Übersetzung aus dem Englischen: Barbara Holle
Textredaktion: Alexandra Michelis
Korrektur: Dr. Michael Schenkel
Satz: Studio Fink, Krailling
Umschlaggestaltung: Caroline Daphne Georgiadis, Daphne Design

Copyright © 2009 für die deutschsprachige Ausgabe: Christian Verlag GmbH, München

Die Originalausgabe mit dem Titel *Alles over Pasta* wurde erstmals
2007 im Verlag Miller Books BV, Niederlande, veröffentlicht.

Copyright © Caplan
www.christian-verlag.de

Die Deutsche Bibliothek – CIP-Einheitsaufnahme
Ein Titeldatensatz für diese Publikation ist bei der Deutschen Bibliothek erhältlich.

Printed by Neografia, Slowakei

Alle deutschsprachigen Rechte vorbehalten.

ISBN 978-3-88472-945-8

Alle Angaben in diesem Werk wurden vom Autor sorgfältig recherchiert und auf
den aktuellen Stand gebracht sowie vom Verlag geprüft. Für die Richtigkeit der Angaben
kann jedoch keinerlei Haftung übernommen werden. Für Hinweise und Anregungen
sind wir jederzeit dankbar. Bitte richten Sie diese an:
Christian Verlag
Postfach 400209
80702 München
E-Mail: lektorat@verlagshaus.de

Alles über Pasta

Inhalt

Einführung	13
Goldene Regeln des Pastakochens	19
Getrocknete Pasta	20
Lange Nudeln	26
Kurze Nudeln	28
Gefüllte Pasta und Pasta zum Füllen	30
Suppennudeln	30
Tomatensauce	32
Frische Pasta	34
Zutaten	36
Zubereitung Schritt für Schritt	37
Grundrezept für Pastateig	37
Ravioli selbst machen	38
Tortellini selbst machen	39
Tagliatelle schneiden	40
Gnocchi	44
Pasta kochen & servieren	49
Al dente heißt das Zauberwort	51
Küchengeräte	56
Klassiker	66
Tagliatelle alla bolognese	68
Penne alla carbonara	70
Spaghetti alla napoletana	72
Bucatini mit Sardinen	74
Farfalle auf Holzfäller-Art	78
Pappardelle mit Hasenragout	80
Trenette alla genovese	82
Spaghetti mit Venusmuscheln	84
Gnocchi alla romana	88
Ravioli di magro	90

ⓥ Rezepte ohne Fleisch und/oder Fisch.

④ Sämtliche Rezepte sind für 4 Personen als Hauptgericht berechnet.

Überbackene Lasagne	92
Bucatini all'amatriciana	94
Spaghetti con aglio e olio	98
Fettuccine all'Alfredo	100
Minestrone	102
Spaghetti alla puttanesca	106
Spaghetti alla marinara	108

Nudelsuppen — 112

Spinatcremesuppe mit Suppennudeln	114
Rindsbouillon mit Spaghettini und Fleischbällchen	114
Frische Tomatensuppe mit Orecchiette	116
Rindsbouillon mit Erbsen und Pappardelle	118
Gemüsesuppe mit Tortellini	118
Tortellini in Rotweinbouillon	120
Buchstabensuppe mit Meeresfrüchten	124
Minestrone mit Steinpilzen und Hähnchenfilet	124
Kohlsuppe mit Pesto	126
Röstgemüsesuppe mit Pipe rigate	128
Hühnerbrühe mit ‚Engelshaar'	128
Pilzsuppe mit Muschelnudeln	130

Pasta mit Gemüse & frischen Kräutern — 134

Lasagnette mit Kirschtomaten und Knoblauch	136
Tagliatelle mit Petersilien-Zitronen-Öl	136
Bunte Fusilli mit Zucchiniblüten	138
Spaghetti mit Oliven, Tomaten und Rucola	140
Spaghetti mit selbst gemachter Tomatensauce	140
Tagliatelle mit Artischockenherzen und Kapern	142
Lasagne mit Pilzen	146
Pappardelle mit getrockneten Tomaten und Pinienkernen	148
Perciatelli mit pikanter Tomatensauce	148
‚Stroh und Heu' mit rotem Pesto	150
Farfalle mit grünen Bohnen und Zuckerschoten	152
Makkaroni mit Aubergine und Mozzarella	152
Tagliatelle mit Frühlingsgemüse	154

Pasta mit Fleisch & Geflügel — 158

Grüne Tagliatelle mit Hähnchenfilet in Weißweinsauce	160
Pipe rigate mit Rindfleisch und San-Daniele-Schinken	162
Tagliatelle mit Rinderfilet und Trüffelsauce	162

Tortelloni mit rohem Schinken und Tomaten-Sahne-Sauce	164
Mafaldine mit Salami	166
Maccheroncini mit Hähnchenfilet in Pilzsauce	166
Vollkorn-Penne mit Schweinswurst und geröstetem Knoblauch	170
Fettuccelle mit Schweinefilet in Pilz-Sahne-Sauce	172
Fusilli mit Lammsauce	174
Linguine mit Salami	176
Pipe rigate mit Parmaschinken und Erbsen	176

Pasta mit Fisch & Meeresfrüchten — 180

Linguine mit Scampi in Knoblauchsenf-Sauce	182
Tortiglioni mit Spinat und Tapenade	184
Tagliatelle mit Seebarsch und Glasschmalz	184
Cravattine mit Jakobsmuscheln	186
Fazzoletti mit Krebsfleisch in Sahnesauce	188
Penne mit frischem Thunfisch und Paprikaschote	192
Muschelnudeln mit Garnelen in Dill-Sahne-Sauce	192
Penne mit Sardellen und Brokkoli	194
Lasagnette mit Lachs und Schnittlauch-Sahne-Sauce	196
Fusilli mit frischem Lachs, Brunnenkresse und Meerrettich	196
Spaghetti mit Bottarga	200
Knusprig gebratene Spaghetti mit Sardellen	202

Pasta mit Käse & Sahne — 206

Stringhetti mit Safran	208
Lasagne ‚Drei Käse'	210
Lasagne mit Mozzarella und Béchamelsauce	210
Pappardelle alla carbonara mit grünem Spargel	212
Tortiglioni mit Tomatensauce und Parmesan	216
Tagliatelle mit Gorgonzola und Salbei	216
Ricotta-Gnocchi	218
Maccheroncini mit Pancetta und Mascarpone	222
Pipe rigate mit Pecorino-Walnuss-Sauce	222
Vollkorn-Spaghetti mit Ziegenkäse und gerösteten Paprikaschoten	224
Penne mit Birnen, Pistazien und Gorgonzola	228
Pipe rigate mit Ricotta-Nuss-Sauce	228
Fettuccine mit Spinat und Fontina	230

Pastasalate — 234

Penne mit Käse und Avocado	236
Mezzi Rigatoni mit Zuckerschoten und Thunfisch	236

Fusilli bucati mit Bresaola und Rucola	238
Schwarze Linguine mit Tintenfischsalat	242
Gnocchi mit frischem Krebsfleisch und Rucola	244
Mezzi Rigatoni mit Hähnchenfilet und Spargel	244
Fusilli mit Lachs und Meeresfrüchten	246
Penne mit Thunfisch-Tapenade	248
Orecchiette mit Bohnen und Rosinen	248

Gefüllte Pasta 254

‚Pasta-Bonbons' mit Räucherlachs und Zitronen-Sahne-Sauce	256
Tortellini mit Kalbfleisch und Parmesan	256
Ravioli mit Paprikaschote, Ricotta, Aubergine und Mascarpone	258
Agnolotti mit Artischocken-Mousse und Tomatensauce	262
Tortellini mit Ricotta-Spinat-Füllung und Champignonsauce	264
Bunte Tortellini mit Paprikasauce	264
Muschelnudeln mit Ricotta, Erbsen und Béchamelsauce	266
Cannelloni mit Portulak, Ricotta und Tomatensauce	270
Tortellini mit Käsefüllung	272
Lasagne-Burger mit Tomate, Pesto und Ziegenkäse	274
Cannelloni mit Spinat-Käse-Füllung	274
Ravioli mit Haselnuss-Mascarpone-Sauce	276

Register 282

Warenkunde:

Olivenöl	96
Pesto alla genovese	110
Frische Kräuter	132
Italienische Fleisch- und Wurstspezialitäten	156
Eingelegte Sardellen	178
Italienischer Käse	204
Knoblauch	214
Italienische Tomaten	220
Balsamicoessig	232
Oliven & Kapern	252
Chilischoten & Gewürze	278

Auch wenn sich der Glaube hartnäckig hält – Nudeln machen nicht dick. Eine normale Portion gekochte Pasta hat etwa dreihundert Kalorien und enthält darüber hinaus viele Vitamine, Mineralstoffe und Proteine – vor allem wenn sie mit Eiern hergestellt wurde. Selbst ein üppiges Pastagericht mit Sahne und Käse oder Schinken und Eigelb ist vergleichsweise ‚figurfreundlich'. In den Ruf, ein Dickmacher zu sein, sind die Nudeln geraten, weil man sie häufig mit zu viel Sauce isst. Die Italiener sind in dieser Hinsicht weitaus zurückhaltender. Bei ihnen stehen Pasta und Sauce in einem ausgewogenen Verhältnis, und man ertränkt die Nudeln nicht in Sauce. Eine gute Pasta ist immer ein Hochgenuss, selbst wenn man sie ohne alles isst.

Einführung

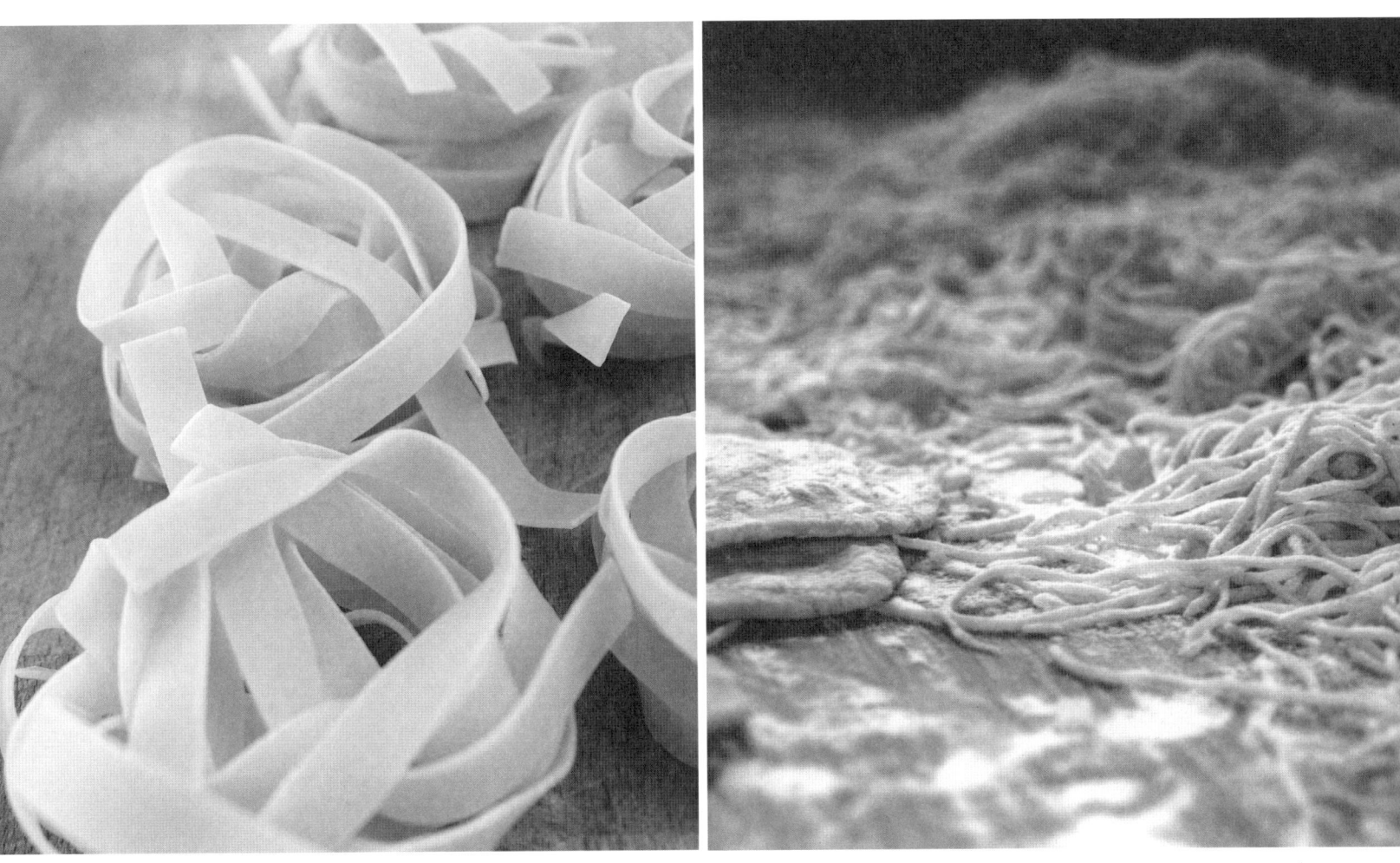

Die Italiener und ihre Pasta

Wenn es etwas gibt, das die italienische Küche symbolisiert, dann ist es die Pasta, die für die meisten Italiener bei keiner Mahlzeit fehlen darf. Im Durchschnitt verzehrt jeder Italiener pro Jahr etwa 25 Kilogramm Nudeln. In Norditalien wird zwar auch viel Reis (Risotto) gegessen, doch im Süden kommt mindestens einmal, manchmal sogar zweimal am Tag Pasta auf den Tisch. Mittags wird für gewöhnlich *pastasciutta* (Pasta mit Sauce) serviert und abends *pasta in brodo* (in Bouillon) oder eine *minestra* (eine gehaltvolle Suppe mit Nudeln).

Eine lange Tradition

Die italienische Pasta kann auf eine jahrhundertealte Geschichte zurückblicken, ja es scheint fast so, als sei das Land seit jeher untrennbar mit seinem kulinarischen Flaggschiff verbunden. In einem etruskischen Grab fand man fast zweieinhalbtausend Jahre alte Zeichnungen, die eine Art urzeitliche Nudelmaschine zeigen, ein Gerät zum Ausrollen von Pastateig und ein anderes, eine Art Zahnrad, das höchstwahrscheinlich zur Herstellung von Spaghetti diente – und vielleicht sogar den ersten Ravioli. Darauf lassen auch Schilderungen des berühmten römischen Kochbuchautors Apicius schließen, der im 1. Jahrhundert lebte und der bereits von kleinen gefüllten und gebratenen Teigtaschen berichtete. Fünfhundert Jahre später tauchte die Pasta erstmals in Sizilien auf, wo man sie vermutlich in Wasser kochte, anstatt sie zu backen oder zu braten. Auch der Name Makkaroni stammt vermutlich von der Insel, denn ‚maccaruni' bedeutet im Sizilianischen so viel wie ‚kraftvoll zu einem Teig verarbeiten'. Zahlreiche Rezepte, Beschreibungen und andere Hinweise lassen darauf schließen, dass die Pasta im Mittelalter im ganzen Land zunehmende Bedeutung als Grundnahrungsmittel erlangte. Doch schon damals gab es deutliche regionale Unterschiede, was die Formen und die Zubereitungsart anbelangt. Im 17. Jahrhundert erfand man in Neapel die getrocknete Pasta, die von nun an in Fabriken hergestellt wurde, was die Produktion vereinfachte und effizienter machte. Neapel sollte auch in der Zukunft ein Zentrum der Pastaherstellung bleiben. In der Folge eroberte die Pasta allmählich, zum Teil auch durch die italienischen Einwanderer in Amerika und England, die ganze Welt.

Regionale Unterschiede

Erst 1861 vereinigten sich die verschiedenen unabhängigen Regionen und die italienischen Stadtstaaten zu einer Nation. Die Geschichte der einzelnen Regionen spiegelt sich wohl nirgends so deutlich wider wie in ihren Küchen, weshalb man eigentlich auch nicht von ‚der' italienischen Küche sprechen kann. Jede Region hat ihre eigenen typischen Gerichte und kulinarischen Traditionen. So kann es Ihnen passieren, dass man Ihnen in dem einen Dorf erklärt, eine bestimmte Pastasauce müsse mit etwas Rotwein zubereitet werden, und wenn Sie ein paar Kilometer weiter fahren, wird man genau das Gegenteil behaupten. Das mag etwas mit dem Charakter der Italiener zu tun haben, liegt aber zweifellos auch an den regionalen Traditionen. Und gerade beim Essen halten die Italiener gerne an Altbewährtem fest. Deshalb hört man auch immer wie-

der, es ginge nichts über die Kochkunst der eigenen Mutter oder Großmutter. Und das gilt natürlich auch für die Pasta.

Auch wenn die Pasta von Süditalien aus das ganze Land erobert hat, sind die Unterschiede bei den Saucen immer noch so groß wie vor 1861. Die Süditaliener bereiten ihre Saucen im Allgemeinen mit Olivenöl zu und bevorzugen lange, dünne Nudeln. Die süditalienischen Gerichte sind, wie etwa die *Spaghetti alla napoletana* mit einer einfachen Sauce aus Tomaten, Oliven und frischem Basilikum, zumeist leicht und einfach zuzubereiten. Im kälteren Norden werden sie dagegen gerne mit Butter und Sahne zubereitet und passen daher besser zu den kürzeren frischen Pastasorten, die wie zum Beispiel gefüllte Ravioli oder Tortellini mit Eiern hergestellt werden.

365-mal Pasta

Echte Pastaliebhaber wissen, dass man Pasta jeden Tag des Jahres essen kann, ohne zweimal dasselbe auf dem Teller zu haben. Es gibt tatsächlich Hunderte verschiedene Pastasorten. Grob kann man zwischen langen *(pasta lunga)* und kurzen Nudeln *(pasta corta)* wie Penne (Schreibfedern), Fusilli (Spiralen) und Farfalle (Schmetterlinge) sowie gefüllter Pasta unterscheiden. Bei den langen Sorten findet man lange runde (Vermicelli, Spaghetti, Capellini …), lange flache in verschiedenen Breiten (Trenette, Fettuccine, Tagliatelle, Pappardelle …) und Röhrennudeln wie Makkaroni. Daneben gibt es außerdem bunte Pasta, die mit Spinat, Tomate, Safran, Roter Bete und sogar mit Tintenfischtinte gefärbt wird, und Pasta mit verschiedenen Aromen wie Knoblauch, Chili, Trüffel oder – man höre und staune – Schokolade.

Al dente – die Sache mit dem Biss

Das Nudelkochen ist wesentlich einfacher, als mancher vielleicht glaubt. Heute möchte man die Pasta bevorzugt al dente (wörtlich übersetzt ‚auf dem Zahn'), das heißt, die Nudeln sollten noch Biss haben. Denn wer mag schon verkochte Nudeln in einer verwässerten Sauce. Die Pasta darf allerdings auch nicht zu hart sein und nach Mehl schmecken. Wurden die Nudeln früher oft viel zu lange gekocht, scheint man inzwischen gelegentlich ins andere Extrem zu verfallen.

Das Kapitel ‚Pasta kochen & servieren' zeigt Schritt für Schritt, was zu tun ist, damit die Pasta perfekt gelingt.

Goldene Regeln des Pastakochens

- ✓ Nur beste getrocknete italienische Pasta kaufen oder die Nudeln besser noch selbst machen.

- ✓ Pasta stets in einem großen Topf in reichlich kochendem Wasser garen.

- ✓ Das Kochwasser sollte ausreichend gesalzen sein.

- ✓ Die Pasta beim Kochen nicht unbeaufsichtigt lassen und von Zeit zu Zeit die Garprobe machen.

- ✓ Die Nudeln abgießen, sobald sie gar sind, aber nicht abschrecken und nicht vollständig abtropfen lassen.

- ✓ Die übrigen Zutaten sollten naturbelassen sein und einen intensiven Geschmack haben – wie etwa sonnengereifte Tomaten und ein gutes Olivenöl.

- ✓ Jede Pastasorte verlangt nach einer anderen Sauce. Zu kurzen Röhrennudeln passen dickere Saucen mit Fleisch- und/oder Gemüsestücken. Je dünner die Pasta, desto leichter sollte die Sauce sein.

- ✓ Pasta niemals in Sauce ‚ertränken'.

- ✓ Im Italienischen gibt es ein Sprichwort: ‚Die Pasta wartet nicht auf die Gäste, die Gäste warten auf die Pasta.' Das bedeutet, man sollte die Pasta sofort essen, wenn sie auf den Tisch kommt.

*P*asta secca … Muscheln, Schnecken, Schmetterlinge, Engelshaar … Es gibt die bezauberndsten und fantasievollsten Formen. Die Italiener teilen die Pasta in zwei Haupttypen ein: kurze Nudeln *(pasta corta)* wie Penne, Farfalle und Fusilli und lange Nudeln *(pasta lunga)* wie Spaghetti und Tagliatelle. Gefüllte Pasta wie Tortellini und Ravioli wird ebenfalls in getrockneter Form angeboten. Die breiten, hohlen Cannelloni und Conchiglie (große Muschelnudeln) werden in der Regel ungefüllt verkauft.

In jeder dieser drei Kategorien gibt es Hunderte verschiedene Sorten. Denn nicht genug damit, dass jede Region ihre eigene traditionelle Pasta hat, auch die Hersteller bringen immer wieder neue Formen auf den Markt. Scherzhaft sagt man sogar, mit den neuen Pastasorten sei es wie mit den Models bei den Mailänder

Getrocknete Pasta

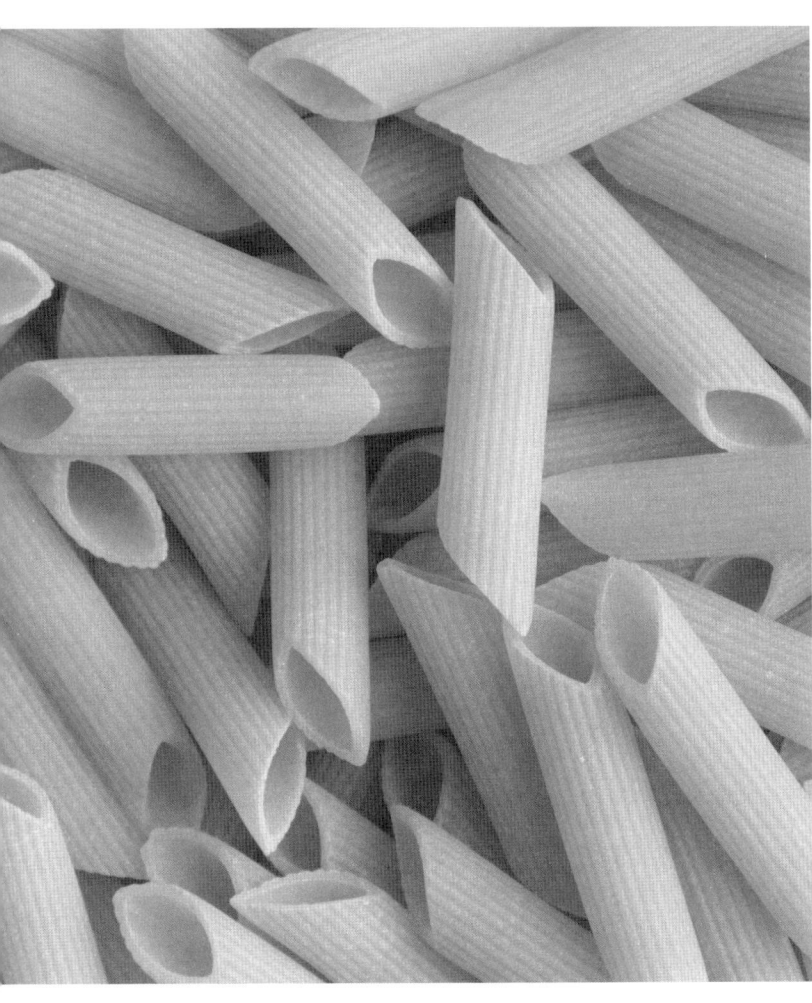

Modenschauen: Es tauchen immer wieder neue Gesichter auf. Und um die Sache noch komplizierter zu machen, heißen die Formen auch nicht überall gleich. Tagliatelle etwa nennt man in Rom Fettuccine, und Maccheroni ist in manchen Regionen die allgemeine Bezeichnung für Pasta. Verzweifeln Sie also nicht, wenn Sie eine bestimmte Nudelsorte, die in einem Rezept verlangt ist, nicht finden. Es gibt etliche Alternativen. Es kommt lediglich darauf an, dass die Pasta zu der Sauce passt, die Sie zubereiten wollen. Vor allem muss sie die Sauce und andere Zutaten aufnehmen können. Als Faustregel gilt: Kurze Röhrennudeln eignen sich am besten für dickere Saucen mit Fleisch- und/oder Gemüsestücken, während lange, dünne Nudeln besonders für flüssigere Saucen ohne feste Bestandteile geeignet sind.

Die ersten Nudelmaschinen

Die erste Pastafabrik wurde in Neapel gegründet. Zu Beginn des 19. Jahrhunderts produzierten die Neapolitaner getrocknete Pasta bereits in relativ großem Stil. Ein großer Teil der Produktion war für den Export bestimmt. Zum Kneten des Teigs benutzten die Arbeiter in den Fabriken das gleiche Werkzeug wie die Winzer – ihre Füße. Ferdinand II., der König von Neapel, machte dem ein Ende, als er einen Ingenieur damit beauftragte, ein Gerät dafür zu entwickeln. Seither wird der Teig maschinell geknetet und geschnitten. Dass Neapel zum Zentrum der Pastaproduktion wurde, liegt nicht zuletzt daran, dass das Klima dort ideal ist, um die Pasta luftzutrocknen. Bei feuchtem Wetter könnte der Teig schimmlig werden, und wenn es zu trocken ist, wird er schnell krümelig. Der Einsatz von Maschinen kurbelte den Export mehr und mehr an. Ein Großteil der Pasta wurde nach Amerika verschifft, wo sie bei den vielen italienischen Einwanderern reißenden Absatz fand.

Im Laufe des 19. Jahrhunderts wurden die Maschinen ständig weiterentwickelt und übernahmen schließlich auch das Sieben des Mehls und das Kneten und Formen des Teigs. Mithilfe neuer Techniken ließen sich immer gleichmäßigere Formen herstellen, und man war in der Lage, neue Formen auf den Markt zu bringen, die man zu Hause nicht selbst machen konnte. Die Hersteller erhofften sich davon steigende Umsätze. Ende des 19. Jahrhunderts gab es bereits Hunderte verschiedene Formen. Besonderer Beliebtheit erfreuten sich jedoch solche Formen, die aufgrund ihres ,funktionalen Designs' die Sauce besonders gut aufnahmen, wie zum Beispiel die spiralförmigen Fusilli.

Die Pasta singt

Eine Pasta perfekt al dente zu kochen erfordert Aufmerksamkeit. Man sollte die Nudeln von Zeit zu Zeit probieren, um festzustellen, wie weit sie bereits gegart sind. Italienische Köche haben so viel Erfahrung, dass sie hören, ob die Pasta, die da im Topf kocht, al dente ist. Sie behaupten nämlich, die Nudeln fingen dann an zu singen.

Qualität

Das Angebot an getrockneter Pasta ist riesig, und ebenso groß sind die Preisunterschiede. Man muss durchaus nicht immer das teuerste Markenprodukt kaufen. Ein Unterschied zu den billigeren Produkten besteht jedoch darin, dass diese häufig aus Weichweizenmehl oder einer Mischung aus Weich- und Hartweizenmehl hergestellt sind. Die Nudeln sind dann weniger fest und werden beim Kochen schnell weich und klebrig. Beim Einkauf sollte man deshalb darauf achten, dass die Pasta die Bezeichnung *pasta di semola di grano duro* oder, wenn es sich um Eiernudeln handelt, *pasta grano duro e uova* trägt, das heißt, dass sie ausschließlich aus Hartweizenmehl hergestellt ist. Und bei bunten Nudeln sollte man darauf achten, dass sie nicht mit künstlichen Farbstoffen gefärbt sind.

Die besten Fertigprodukte

Die Platten, die zum Formen besonders guter italienischer Fertigprodukte verwendet werden, sind nicht aus Stahl oder Teflon, sondern aus Bronze. Die Nudeln, seien es nun Spaghetti oder Fusilli, bekommen dadurch eine rauere Oberfläche. Der Unterschied ist zwar kaum erkennbar, aber Sie werden feststellen, dass sie die Sauce besser aufnehmen.

Die Pastaherstellung

Im Laufe der Zeit wurden die Nudelmaschinen ständig weiterentwickelt. Heute ist der gesamte Herstellungsprozess – vom Mischen über das Kneten und Formen bis zum Verpacken – automatisiert. Zwei getrennte Dosiergeräte sorgen für das richtige Mischungsverhältnis von Mehl und Wasser. Bei den meisten Fertigprodukten sind dies die einzigen Zutaten, es sei denn, der Pasta soll mit weiteren Zutaten wie Gemüse, Safran oder Tintenfischtinte eine besondere Farbe oder ein besonderer Geschmack verliehen werden. Eine gute Pasta enthält weder künstliche Farb- und Geschmacksstoffe noch sonstige Zusätze. Eiernudeln werden ebenfalls fabrikmäßig hergestellt. In der Regel verwendet man hier Trockenei, gelegentlich aber auch frische Eier. Das Mehl muss die Flüssigkeit gleichmäßig aufnehmen, damit ein homogener Teig entsteht. Zunächst kommen die Zutaten in eine Mischmaschine. Anschließend wird der Teig zehn bis zwanzig Minuten in einer Knetmaschine durchgeknetet. In den Fabriken wird der Teig nicht ausgerollt und geschnitten, sondern mithilfe einer rotierenden Spindel durch eine Stanze gepresst. Der vielleicht wichtigste Teil der Maschine sind die Lochscheiben, die dazu dienen, der Pasta die gewünschte Form zu geben. Damit die Nudeln gleichmäßig garen, müssen sie absolut regelmäßig geformt sein und dürfen nicht etwa an manchen Stellen dicker oder dünner sein. Danach schneidet ein rotierendes Messer die Nudeln auf die gewünschte Länge. Lange Nudeln fallen direkt aus der Presse auf Trockenstäbe, kurze Nudeln werden auf einem Förderband verteilt. In Trockenkammern werden sie dann mit Heißluft getrocknet. Zum Schluss werden die getrockneten Nudeln gewogen und verpackt.

Pasta Lunga Spaghetti Chitarra d'angelo Tagliatelle Bavette **Mafalde** Pappardelle Lasagne Maccheroni Ziti Rigatoni Mafaldine Fusilli Tortellini **Casoncelli** Tagliatelle Radiatori Rigati **Rigatoni** stortini Spaghettini conchigliettes

Linguine **Vermicelli** Fedelini Capelli
Frappe Fettuccine Trenette
Bucatini Gnocchi Napoletani **Mezzi**
Capellini **Agnolotti** Ravioli **Panzarotti**
Tagliolini Orecchiette penette
Tortelloni ditali Gramigna
Cravattine fieno fusilli

Lange Nudeln

Runde Spaghetti, viereckige *pasta alla chitarra*, flache Tagliatelle, ovale Linguine, hohle Bucatini ... Lange Nudeln kommen nicht nur als ‚Schnüre' daher, sondern es gibt alle möglichen Sorten, Formen und Größen. Am dünnsten ist das nur einen Millimeter dicke ‚Engelshaar', das gut zu leichten Saucen und klaren Brühen passt. Mit gut zwei Zentimetern am breitesten sind die Pappardelle. Sie passen hervorragend zu Ragouts und geschmortem Wild, und man findet sie zum Beispiel in Gerichten wie *Pappardelle con le lepre* (Pappardelle mit Hasenragout), einem beliebten toskanischen Gericht. Zwischen diesen beiden Extremen sind die Möglichkeiten schier unbegrenzt.

Capelli d'angelo

Weil sie so fein und dünn sind, hat man diese langen Fadennudeln ‚Engelshaar' getauft. Man findet sie aber auch unter der Bezeichnung Capellini (Härchen). Capellini werden vor dem Trocknen in der Regel zu Nestern zusammengedreht, um zu verhindern, dass die dünnen Stangen beim Verpacken und beim Transport brechen. Zu Capellini passen am besten feine, glatte Saucen. Wenn man sie für Suppen verwendet, bricht man sie gewöhnlich in Stücke. So werden sie gelegentlich auch im Handel angeboten (siehe Abbildung unten).

Maccheroni, Ziti und Bucatini

In Italien verwendet man die Bezeichnung Maccheroni häufig als Synonym für Pasta. Eigentlich versteht man unter Maccheroni (im Deutschen Makkaroni) jedoch lange Röhrennudeln unterschiedlicher Dicke. Hohlnudeln nehmen die Sauce besonders gut auf. Bei den Bucatini handelt es sich ebenfalls um Röhrennudeln (*buco* bedeutet Loch oder Grube). Sie sind mit einem Durchmesser von zweieinhalb Millimetern etwas dünner als Makkaroni. Die Bucatini stammen ursprünglich aus Sizilien, wo man sie mit einer Sardinensauce serviert. Ziti sind dicker als Makkaroni und werden vor dem Kochen meist in Stücke gebrochen.

Mafaldine und Lasagnette

Mafalde und Mafaldine sind lange, flache Nudeln mit zwei gewellten Rändern. Mafalde sind etwa zehn Millimeter breit, Mafaldine sind etwas schmaler. Man findet sie auch unter der Bezeichnung Tagliatelle nervate. Die gewellten Ränder sehen auf dem Teller nicht nur sehr ansprechend aus, die Nudeln nehmen dadurch auch die Sauce besser auf. Breitere Bandnudeln wie Lasagne und Pappardelle und schmalere Varianten wie Trenette und Lasagnette haben manchmal einen, manchmal zwei gewellte Ränder.

Pappardelle und Lasagne

Pappardelle sind lange, etwa zwei Zentimeter breite Bandnudeln, gelegentlich mit einem oder zwei gewellten Rändern. Pappardelle erfreuen sich in Umbrien und der Toskana großer Beliebtheit. Lasagne ist breiter (manchmal sogar viereckig) und wird gewöhnlich für Aufläufe verwendet, etwa für die berühmte *Lasagne al forno* (überbackene Lasagne), die aus mehrere Schichten Lasagne, Sauce und Käse besteht, oder man rollt sie zu dicken Röhren – Cannelloni – und füllt sie. Die Lasagneblätter werden in der Regel zunächst vorgegart, bei dünnflüssigeren Saucen ist dies allerdings nicht immer erforderlich, weil die Lasagneblätter beim Backen viel Flüssigkeit aufsaugen.

Spaghetti, Chitarre, Linguine

Die Spaghetti – wörtlich übersetzt ‚kleine Schnüre' – sind zweifellos die berühmtesten italienischen Nudeln. Spaghetti sind in der Regel 30 Zentimeter lang (es gibt auch längere) und etwa zwei Millimeter dick. Extradünne Spaghetti heißen Spaghettini, extradicke Spaghettoni. In der Basilikata werden noch heute die traditionellen *spaghetti alla chitarra* hergestellt. Dabei wird der Teig mit dem Nudelholz durch einen mit Metalldrähten bespannten Holzrahmen gepresst, den man ‚chitarra' (Gitarre) nennt. Die Stränge sind deshalb nicht rund, sondern viereckig. Linguine (Zünglein) sind lange, ovale Stränge.

Stringozzi und Stringhetti

Die Stringozzi kommen aus Umbrien. Sie sind etwas dicker und fester als Spaghetti eher oval als rund. Dadurch haben sie etwas mehr Biss. Stringhetti, ein Mittelding zwischen Stringozzi und Spaghetti, sind eine relativ neue Erfindung.

Vermicelli und Fedelini

Vermicelli (Würmchen) sind lang und rund wie Spaghetti. In Süditalien wird die Bezeichnung Vermicelli häufig als Synonym für Spaghetti verwendet, bezeichnet aber in der Regel eine dünnere Variante. Vermicelli schmecken nicht nur köstlich in Suppen, sondern werden auch gerne mit glatten, meist Sahnesaucen serviert oder mit Tomatensauce und Venusmuscheln. Wie bei den Spaghetti gibt es auch bei den Vermicelli eine extradicke (Vermicelloni) und eine extradünne (Vermicellini) Variante. Fedelini sehen ähnlich wie Vermicelli aus, sind aber manchmal dünner.

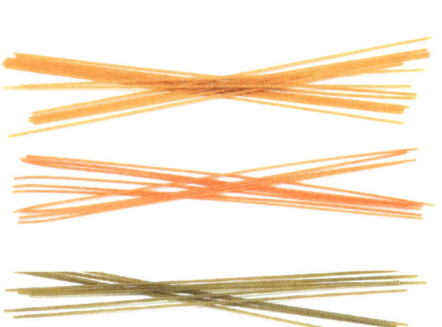

Tagliatelle und Bavette

Tagliare heißt schneiden, und viele italienische Köche machen ihre Tagliatelle immer noch selbst, indem sie die Teigblätter aufrollen und in Streifen schneiden. Tagliarelli ist ein Synonym für Tagliatelle, bezeichnet aber in der Regel eine schmalere Variante. Tagliarellini, Taglierini, Tagliatelline und Tagliolini sind ebenfalls dünnere Varianten. Breite und Dicke variieren je nach Hersteller. Tagliatelle sind in der Regel acht bis zehn Millimeter breit und 0,8 Millimeter dick. Es gibt aber auch sehr viel schmalere, nur etwa drei Millimeter dicke Varianten. In Süditalien nennt man sie manchmal auch Bavette, das ist aber eigentlich ebenfalls eine schmalere Variante.

Fettuccine und Trenette

Fettuccine oder Fettucce sind lange, flache Bandnudeln. Mit einer Breite von sechs bis acht Millimetern sind sie in der Regel etwas schmaler als Tagliatelle. Bei Fettucelle und Fettucce romana handelt es sich gewöhnlich um herkömmliche Tagliatelle. Die ligurischen Trenette sind etwas schmaler und nur etwa drei Millimeter breit. Sie werden traditionell als *Trenette alla genovese* mit Basilikumpesto, Kartoffeln und grünen Bohnen serviert.

Paglia e fieno

Ihren Namen – Stroh und Heu – verdanken diese dekorativen Bandnudeln der Tatsache, dass sie meist in zwei Farben angeboten werden. Sie sind in unterschiedlichen Breiten erhältlich und werden wie Tagliatelle zubereitet.

Kurze Nudeln

Noch größer ist die Vielfalt bei den kurzen Nudeln, an deren hübschen Formen sich oft nicht nur der Magen, sondern auch das Auge delektieren kann. Ende des 19. Jahrhunderts waren die Nudelmaschinen so ausgefeilt, dass man alle nur denkbaren Formen aus dem Teig ausstanzen konnte. Inzwischen gibt es Hunderte verschiedene Formen und laufend kommen neue hinzu. Beim Kreieren neuer Formen sind der Fantasie keine Grenzen gesetzt, wichtig ist nur, dass sie die Sauce gut aufnehmen können. Ideal sind da Formen wie etwa die wie winzige Schüsseln geformten Orecchiette.

Gnocchetti
Gnocchetti sind geriffelte Schüsselchen, die ein wenig wie ausgehöhlte Gnocchi aussehen. Und um die Sache noch verwirrender zu machen, gibt es auch noch eine größere Variante, die wie die berühmten Klößchen aus Mehl und Kartoffeln ebenfalls Gnocchi heißen.

Gramigna
Gramigna, eine Spezialität aus der Emilia-Romagna, sind hohl und gebogen. Als Ersatz eignen sich zum Beispiel die etwas dünneren Pennette oder Sedanini.

Rigatoni
Diese Röhrennudeln haben einen größeren Durchmesser als Penne und sind an den Enden gerade. Der Name bedeutet nichts anderes als ‚geriffelt' oder ‚gerippt'. Mezzi Rigatoni, das heißt halbe Rigatoni, sind eine halb so lange Variante.

Pipe
Diese kurze, dicke und gebogene Röhrennudel ähnelt unserer Hörnchennudel. Pipe nehmen Saucen außerordentlich gut auf, selbst wenn sie Fleisch- oder Gemüsestückchen enthalten. Sie sind oft geriffelt und heißen dann Pipe rigate.

Penne
Penna ist das italienische Wort für Schreibfeder. Die Bezeichnung stammt aus einer Zeit, als man noch mit dem Gänsekiel schrieb. Und tatsächlich erinnern die an den Enden abgeschrägten Röhrennudeln an ein altmodisches Schreibgerät. Penne gibt es in den verschiedensten Größen, etwa als dünne Pennine, Mezze Penne (halbe Penne) und extrabreite Pennoni, um nur einige zu nennen. Penne rigate sind geriffelte Penne.

Tortiglioni
Tortiglioni (oder Torciglioni) sehen ähnlich aus wie Penne rigate, sind aber etwas dicker, und die Rillen verlaufen spiralförmig und nicht gerade. Wie Penne eignen auch sie sich besonders gut für dicke, herzhafte Saucen.

Conchiglie und Lumache

Conchiglie (Muscheln) und Lumache (Schnecken) erfreuen sich wegen ihrer idealen Form großer Beliebtheit. Beide sind auch in extragroßen Varianten als Lumaconi beziehungsweise Conchiglioni erhältlich, die gerne gefüllt und im Backofen gegart werden.

Farfalle

Farfalla heißt Schmetterling oder Fliege (zum Umbinden) und ist in Italien eine der beliebtesten Pastasorten. Man findet sie auch unter dem Namen Strichetti. Farfalle mit runden Flügeln heißen Farfalle ronde. Sie passen zu vielen Saucen und eignen sich gut für Salate.

Orecchiette

Die ‚Öhrchen', winzige schüsselförmige Nudeln, stammen aus Apulien und nehmen Saucen besonders gut auf. Sie werden mitunter sogar noch von Hand hergestellt. Dazu werden winzige Teigblätter mit dem Daumen eingedrückt, sodass eine Mulde entsteht. Orecchiette isst man traditionell mit einer Sauce aus Brokkoli und Sardellen.

Fusilli und Eliche

Fusilli sind kurze Spiralnudeln. Früher wurden sie von Hand hergestellt, indem man einen Teigstrang um einen dünnen Stock wickelte. Eliche (Schrauben) werden oft als Fusilli verkauft. Beide sind sich zwar ähnlich, legt man sie nebeneinander, erkennt man jedoch den Unterschied: Bei Fusilli sind die Spiralen weiter als bei Eliche.

Rotelline und Ruote

Die ‚kleinen Wagenräder' verlieren auch beim Kochen ihre Form nicht und bleiben schön fest. Sie eignen sich am besten für dicke, herzhafte Saucen, aber auch für Salate. Ruote und Rotelline werden oft in den italienischen Nationalfarben – rot (Tomate), grün (Spinat) und weiß – angeboten. Ruote sind die größere Variante.

Lasagnette und Festonelle

Als Lasagnette bezeichnet man nicht nur lange, schmale Bandnudeln, die meist einen gewellten Rand haben, sondern auch schmale kurze Nudeln. Man findet sie auch unter dem Namen Festonelle oder, wenn sie schräg geschnitten sind, als Pantacce.

Gefüllte Pasta und Pasta zum Füllen

Ravioli und Tortellini werden getrocknet mit verschiedenen Füllungen angeboten, die in der Regel Käse und Rind- oder Schweinefleisch sowie Paniermehl und Kräuter enthalten. In Italien verwendet man diese Pasta gewöhnlich für Suppen. Großer Beliebtheit erfreuen sich beispielsweise *Tortellini in brodo*, Tortellini, die in einer klaren Brühe, meist Rindsbouillon, serviert werden. Daneben findet man auch getrocknete Pasta, die man selbst nach Belieben füllen kann. Fertige Cannelloni (große Röhren) sind oft eine bequeme Alternative zu Lasagneblättern, die um die Füllung gerollt werden müssen. In Kalabrien füllt man sie gerne mit einer Mischung aus würzigem Rindfleisch und Pecorino. Conchiglioni und Lumaconi, große Muscheln und Schnecken, sind ebenfalls zum Füllen gedacht und werden meist im Backofen gegart.

Suppennudeln

Speziell für Suppen gedacht sind die kleinen *pastine*. Alfabetini (kleine Buchstaben), Risoni (Nudeln, die wie Reiskörner aussehen), Semi di melone (Melonenkerne), Stelline (Sternchen), Farfalline (kleine Schmetterlinge) und Conchigliette (kleine Muscheln) schmecken köstlich in Brühe *(in brodo)* oder in Gemüsesuppen wie der Minestrone. Die Abbildung unten zeigt von links nach rechts: Saporini sardi, Maccarroneddos und Tubettini.

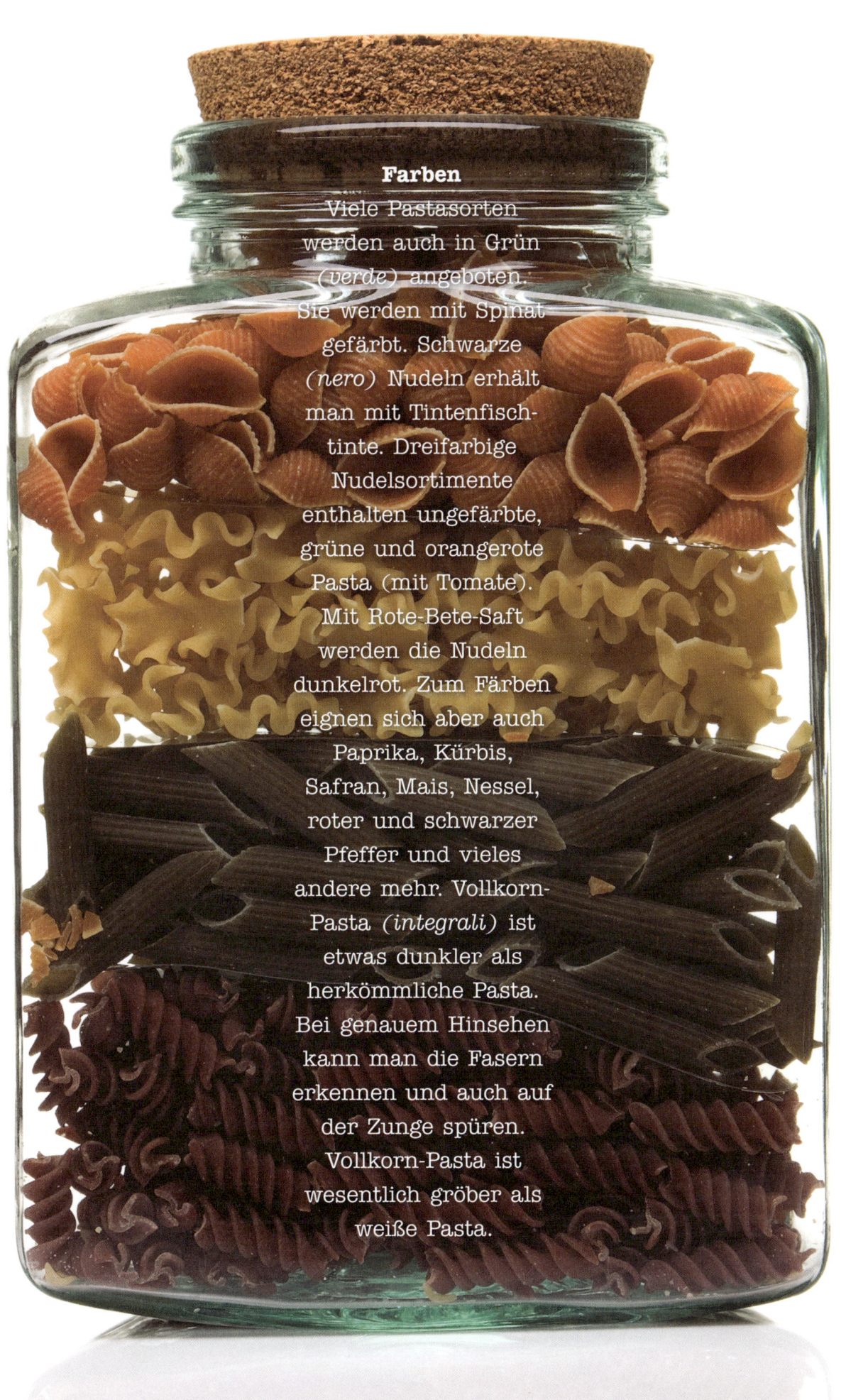

Farben

Viele Pastasorten werden auch in Grün *(verde)* angeboten. Sie werden mit Spinat gefärbt. Schwarze *(nero)* Nudeln erhält man mit Tintenfischtinte. Dreifarbige Nudelsortimente enthalten ungefärbte, grüne und orangerote Pasta (mit Tomate). Mit Rote-Bete-Saft werden die Nudeln dunkelrot. Zum Färben eignen sich aber auch Paprika, Kürbis, Safran, Mais, Nessel, roter und schwarzer Pfeffer und vieles andere mehr. Vollkorn-Pasta *(integrali)* ist etwas dunkler als herkömmliche Pasta. Bei genauem Hinsehen kann man die Fasern erkennen und auch auf der Zunge spüren. Vollkorn-Pasta ist wesentlich gröber als weiße Pasta.

Tomatensauce

Sugo di pomodoro (für 4 Personen)

400 g Tomaten (frische oder geschälte Tomaten aus der Dose)

2 EL Olivenöl

1 Möhre, fein gehackt

1 Zwiebel, fein geschnitten

1 Stange Sellerie, fein gehackt

2 Knoblauchzehen, durchgepresst

1 rote Chilischote, entkernt und fein geschnitten

2 EL frisch gehackte Kräuter

(Basilikum, Petersilie, Oregano, Thymian)

Salz und Pfeffer

1. Frische Tomaten enthäuten und grob hacken. Dosentomaten grob zerkleinern und abtropfen lassen.
2. Das Öl in einer Pfanne erhitzen. Möhre, Zwiebel und Sellerie darin anschwitzen, bis die Zwiebel glasig ist. Anschließend den Knoblauch und die Chilischote hinzufügen.
3. Die Tomaten und die Kräuter untermischen.
4. Mit Salz und Pfeffer würzen und die Sauce köcheln lassen, bis sie eingedickt ist. Dabei gelegentlich umrühren. Die fertige Sauce nach Belieben noch durch ein Sieb passieren.

Tomaten lassen sich am besten häuten, wenn man sie am Stielansatz mit einem scharfen Messer kreuzweise einschneidet und danach einzeln in kochendes Wasser legt, bis sich die Schale abzulösen beginnt. Die Tomaten dann sofort aus dem Topf nehmen und unter fließendem kaltem Wasser abschrecken. Die Schale lässt sich nun mühelos abziehen.

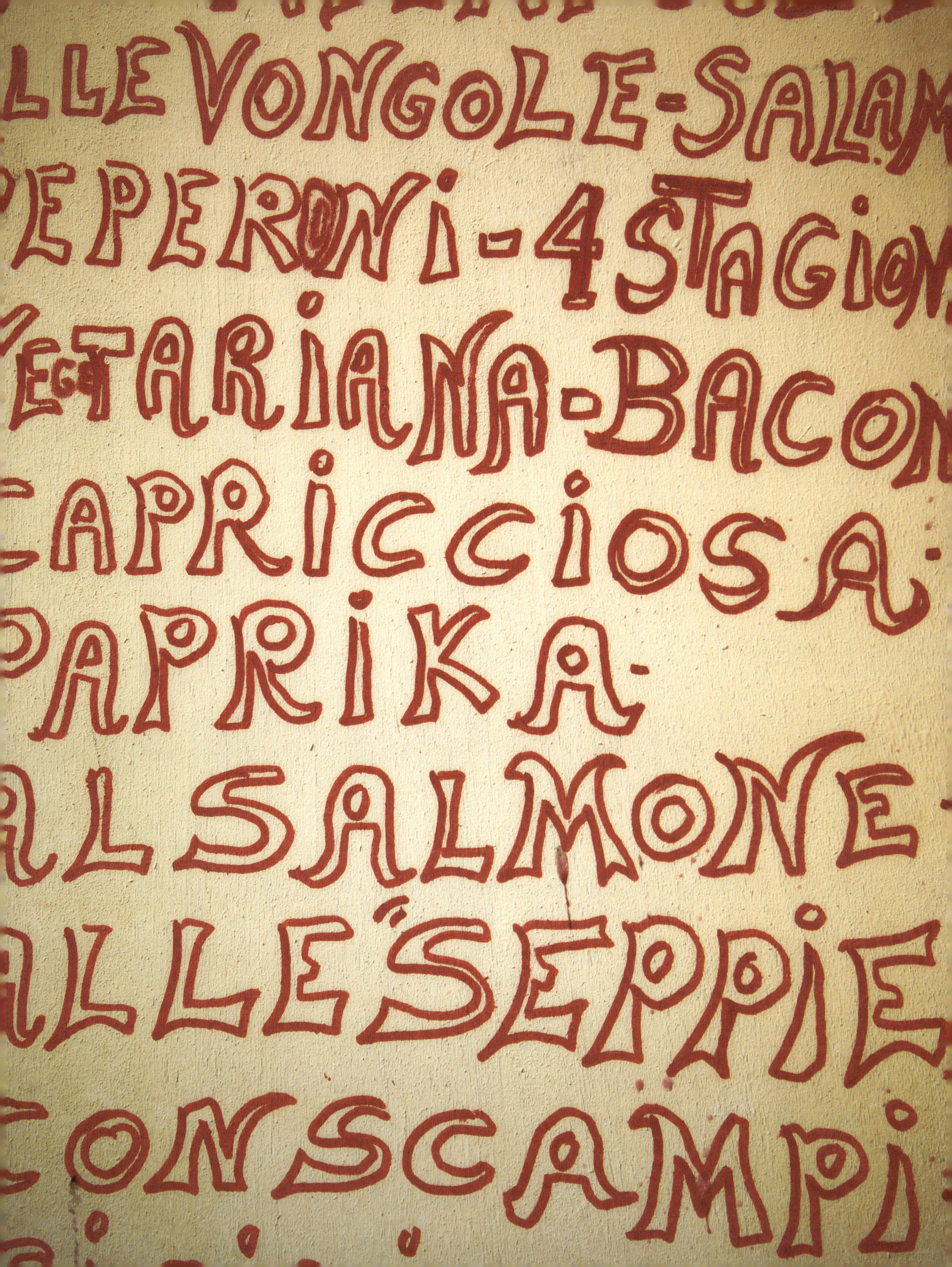

LLE VONGOLE - SALAM
PEPERONI - 4 STAGION
VEGETARIANA - BACON
CAPRICCIOSA -
PAPRIKA -
L SALMONE -
LLE SEPPIE
ON SCAMPI

Es gibt einfach nichts Besseres als frische, selbst gemachte Pasta, diese seidigen Bandnudeln, die den Geschmack der Sauce so wunderbar annehmen ... Wen wollen Sie zuerst verwöhnen? Ihre Familie, Ihre besten Freunde? Oder wollen Sie etwa alles alleine essen? In Nord- und Mittelitalien, wo man seine Pasta am liebsten selbst macht, ist sie besonders gehaltvoll und intensiv im Geschmack, weil der Teig

Frische Pasta

gewöhnlich mit Eiern zubereitet wird. Deshalb passt sie hervorragend zu den klassischen norditalienischen weißen Sahne- und Buttersaucen. Frische, weiche Nudeln saugen die Butter auf und nehmen die Sauce gut an, die sich wie ein Film um die Nudeln legt.

Pasta selbst zu machen ist viel einfacher, als Sie vielleicht denken, vor allem wenn Sie über die geeigneten Gerätschaften wie eine Nudelmaschine (sie ist ganz einfach zu bedienen) verfügen. Und wenn Sie etwas von Ihrem selbst gemachten Pastateig in der Gefriertruhe aufheben, können Sie im Nu stets köstliche frische Pasta auf den Tisch zaubern. Selbst wenn Sie vielleicht schon einmal Schiffbruch erlitten haben sollten, mit den Tipps und den Anleitungen in diesem Kapitel kann nichts mehr schiefgehen.

Zutaten

Manche meinen, Pasta selbst zu machen sei eine schwierige Angelegenheit, da der Teig sich nur mit Mühe kneten lasse. Wer das behauptet, der hat höchstwahrscheinlich das falsche Mehl verwendet. Glücklicherweise ist richtiges gutes Pastamehl inzwischen auch bei uns recht gut zu bekommen.

Das Mehl

Wichtig ist, dass das Mehl ausreichend Gluten enthält. Nur so wird der Teig fest und elastisch und lässt sich mühelos ausrollen, ohne zu reißen. Hartweizen hat den höchsten Glutengehalt und ist deshalb die beste Wahl. Die Sorte hat, wie der Name schon sagt, einen harten, kompakten Kern.

Für frische Eiernudeln kann man auch italienisches Grano-tenero-Mehl *(farina ‚00' di grano tenero)* nehmen. *Grano tenero* ist eine etwas weichere Weizenart, die weniger Gluten enthält. Dadurch werden die Nudeln weicher. Aber Vorsicht: Wörtlich übersetzt heißt *grano tenero* zwar ‚Weichweizen', *grano tenero* ist aber um einiges härter und glutenreicher als der europäische Weichweizen, aus dem normalerweise Kuchenmehl hergestellt wird. Herkömmliches Weichweizenmehl ist deshalb für Pasta nicht geeignet. Für frische Pasta kann man allerdings auch das etwas härtere Allzweckmehl (Type 405) verwenden, das man eventuell noch mit Hartweizenmehl mischen kann. Abgesehen von Buchweizen, aus dem man die Buchweizennudeln herstellt, die sich in den italienischen Alpen großer Beliebtheit erfreuen, wird anderes Getreide nur selten zur Pastaherstellung verwendet.

Die Eier

Frische Pasta kann auch mit etwas Wasser hergestellt werden, in der Regel bevorzugt man aber Eier. Es können auch nur Eigelbe statt ganzer Eier verwendet werden (pro Ei muss man zwei Eigelb rechnen). Dadurch bekommt die Pasta einen intensiveren Geschmack und eine kräftigere Farbe.

Zubereitung Schritt für Schritt

Grundrezept für Pastateig (für 4 Personen)

300 g italienisches Pastamehl (Type 00) oder Weizenmehl (Type 405)

3 Eier oder 150 ml Wasser

½ TL Salz

Das Mehl auf die Arbeitsfläche sieben und eine Mulde in die Mitte des Mehlbergs drücken. Die Eier hineinschlagen oder das Wasser hineingießen und das Salz hinzufügen. Mit einer Gabel von innen nach außen rühren, bis sich das Mehl mit den Eiern oder dem Wasser vermischt hat. Den Teig 10–15 Minuten durchkneten. Das ist notwendig, um das Gluten freizusetzen. **1**

Ist der Teig zu feucht, noch etwas Mehl unterkneten. Ist er zu trocken, noch etwas Wasser hinzufügen. Den Teig so lange kneten, bis er weich und elastisch ist. In Frischhaltefolie einschlagen und mindestens eine halbe Stunde an einem kühlen Ort ruhen lassen. **2**

Den Teig gegebenenfalls in zwei Portionen teilen. Pro Person werden etwa 75 Gramm benötigt. Teigreste können in einem Gefrierbeutel eingefroren werden. Der Teig hält sich so mehrere Monate. Den Teig nicht dicker als einen Zentimeter ausrollen. **3**

Nun kann der Teig durch die Nudelmaschine gedreht werden. Mit der breitesten Stufe beginnen und die Teigplatte vor jedem Durchlauf einmal zusammenfalten. Langsam, aber sicher wird der Teig immer weicher und seidiger. Sobald er die richtige Dicke hat, kann er in jede beliebige Form gebracht werden. Am besten einmal Ravioli oder Tagliatelle zum Üben ausprobieren. **4**

Ravioli selbst machen

Selbst gemachte Ravioli sehen gut aus und sind nicht schwer herzustellen. Die Zubereitung erfordert allerdings etwas Zeit. Ravioli können rund, oval oder – das ist die gängigste Variante – viereckig sein. Wenn Sie den Bogen erst einmal heraushaben, haben Sie im Nu genug Ravioli für die ganze Familie.

1 Den Teig vorsichtig mit dem Nudelholz oder mit der Nudelmaschine zu einem dünnen Rechteck ausrollen. Die Ränder gegebenenfalls begradigen. Die Füllung entlang einer gedachten Linie in der Mitte in regelmäßigen Abständen auf den Teig setzen. Den Teig um die Füllungen herum mit einem nassen Backpinsel anfeuchten.

2 Die andere Teighälfte ordentlich darüberklappen. Den Teig dabei nicht andrücken, damit die Füllungen nicht flach gedrückt werden. Die Ränder nur ganz leicht andrücken, damit die Luft noch entweichen kann.

3 Den Teig rund um die Füllungen mit den Fingerspitzen andrücken. Dabei darauf achten, dass möglichst viel Luft entweicht. Ansonsten können die Ravioli beim Kochen aufplatzen. Die Päckchen müssen rundherum verschlossen sein, damit kein Wasser eindringen und die Füllung verwässern kann.

4 Den Teigstreifen nun in einzelne Ravioli zerteilen. Mit einem Teigrädchen bekommt man hübsche gezackte Ränder. Die Ränder können aber auch mit den Zinken einer Gabel verziert oder einfach glatt gelassen werden. Die fertigen Ravioli zwischen zwei bemehlte Geschirrtücher legen.

Tortellini selbst machen

Tortellini bedeutet wörtlich übersetzt ‚kleine Törtchen'. Der Legende nach sollen die leckeren kleinen gefüllten Teigringe dem Nabel der Venus nachempfunden sein.

Den Teig mit dem Nudelholz oder der Nudelmaschine ausrollen und kleine Kreise daraus ausstechen. 1

Etwas Füllung in die Mitte der Kreise setzen und die Ränder mit einem nassen Pinsel anfeuchten. 2

Die Kreise zu Halbmonden zusammenfalten und die Spitzen nach innen biegen. 3

Die Spitzen zusammenführen und fest zusammendrücken. 4

Tagliatelle schneiden

Tagliatelle können Sie mit der Nudelmaschine schneiden, von Hand geht es aber ebenso gut. Schließlich leitet sich der Name von *tagliare* – schneiden – ab. Tagliatelle können beliebig breit sein, je nachdem, wie Sie sie gerne mögen oder welche Sauce Sie dazu servieren möchten. Wenn sie breiter als zwei Zentimeter sind, sind es keine Tagliatelle mehr, sondern Pappardelle.

1 Den Teig gleichmäßig dick ausrollen und mit Mehl bestäuben, damit er nicht klebt. Die Ränder gegebenenfalls begradigen, damit ein regelmäßiges Rechteck entsteht.

2 Den Teig nun aufrollen. Italienische Köche haben da verschiedene Methoden. Manche falten die Teigplatte zunächst einmal oder mehrfach, andere schlagen den äußeren Rand einmal um, sodass sie die Rolle anschließend mit einer sanften Drehbewegung auseinanderfalten können. Im Prinzip spielt es aber keine Rolle, wie man den Teig aufrollt.

3 Die Rolle nun mit einem scharfen Messer in schmale Ringe schneiden. Das Messer sollte möglichst scharf sein, damit der Teig beim Schneiden nicht zu sehr zusammengedrückt und womöglich wieder zu einem Klumpen wird. Das Messer sollte möglichst leicht durch den Teig gleiten. Die nächste Teigplatte erst aufrollen, nachdem die erste geschnitten wurde, damit die Ränder nicht zusammenkleben. Denn je länger der Teig aufgerollt ist, desto größer ist die Gefahr, dass die Ränder zusammenkleben.

4 Die Rollen entrollen und die Tagliatelle über eine Stange hängen oder zwischen zwei bemehlten Geschirrtüchern ausbreiten.

In italienischen Spezialitätengeschäften werden häufig gekühlte frische Nudeln wie Tagliatelle und Pappardelle sowie gefüllte Pasta wie Tortellini angeboten. Auch in Supermärkten bekommt man oft abgepackte frische Pasta. Wenn Sie wenig Zeit haben, sind diese Fertigprodukte durchaus empfehlenswert. Achten Sie aber darauf, dass vor allem die gefüllte Pasta keine künstlichen Farb- und Geschmacksstoffe enthält. Das sagt oft auch viel über die allgemeine Qualität der Pasta aus.

In Italien unterscheidet man zwei Arten von frischer Pasta: Im Süden gibt es die *pasta fresca di grano duro* (aus Hartweizenmehl und Wasser hergestellt), während man im Norden eher die *pasta fresca all'uovo* kennt, die mit Ei und dem weicheren Grano-tenero-Mehl hergestellt wird.

Gnocchi

In Italien macht man Gnocchi (njocki gesprochen) fast immer selbst. Sie schmecken köstlich mit Butter und Salbei oder mit etwas Olivenöl und geriebenem Parmesan. Hervorragend passen sie aber auch zu weichem Gorgonzola, frisch gekochter Tomatensauce oder herzhaftem Ragù.

Pasta oder nicht?

Gnocchi bedeutet so viel wie Klumpen. In den verschiedenen Landesteilen gehen die Meinungen darüber, was richtige Gnocchi ausmacht und wie genau sie hergestellt werden, ziemlich auseinander. Am bekanntesten sind die Kartoffelgnocchi, die aus einem Teig aus Kartoffelpüree und etwas Mehl hergestellt werden, der in ovale Bällchen geschnitten wird. Kartoffelgnocchi sind allerdings streng genommen nicht zur Pasta zu zählen, da Kartoffeln die Hauptzutat sind. Die Original-Gnocchi bestanden jedoch tatsächlich aus einem Teig, der aus Mehl und Eiern hergestellt, in Stücke geschnitten und gekocht oder gebacken wurde. Die *gnocchi alla romana* werden noch immer so gemacht. Die Kartoffelvariante kam in Norditalien auf, wo irgendjemand im 18. Jahrhundert feststellte, dass sich die Gnocchi so wesentlich billiger herstellen ließen. Und da die Kartoffeln die Gnocchi besonders leicht und luftig machten, setzte sich diese Variante in weiten Teilen des Landes durch.

Sprachverwirrung

Vielleicht haben Sie auch schon einmal die Erfahrung gemacht, dass Gnocchi in den verschiedenen Landesteilen gelegentlich auch unter anderem Namen daherkommen oder ganz unterschiedliche Produkte unter demselben Namen, was mitunter sogar bei den Italienern für Verwirrung sorgt – ganz zu schweigen vom Rest der Welt. In Genua, wo man sie mit dem berühmten Pesto serviert, heißen sie Trofie. In Florenz nennt man sie auch Topini. (*Topino* ist übrigens das italienische Wort für Mäuschen. Ein ahnungsloser Amerikaner soll deshalb einmal in einem süditalienischen Ort für Wirbel gesorgt haben, als er behauptete, es gebe dort überall *topini*.) In manchen Gegenden stellt man die Gnocchi aus Ricotta und Spinat her. In

Priesterwürger

In manchen Gegenden Italiens nennt man die Gnocchi auch Strangolapreti oder Strozzapreti, das heißt ‚Priesterwürger'. Der Geschichte nach soll doch tatsächlich einmal ein Priester an einem Gnocco erstickt sein.

der Lombardei heißen sie Malfatti und in der Toskana – um die Verwirrung vollkommen zu machen – Ravioli oder manchmal auch *gnocchi del cosentino*. Es gibt auch *gnocchi di zucca*, bei denen die Kartoffeln durch Kürbis ersetzt werden. Ciciones oder Malloreddus sind kleine sizilianische Gnocchi aus Mehl, die mit Safran gefärbt und mit einer Tomatensauce und Knoblauchwurst serviert werden. Und das Trentino ist berühmt für alle möglichen bunten Gnocchi wie zum Beispiel die *Strozzapreti mit Spinat* oder *Roter Bete*, die mit zerlassener Butter und einer Mohnsauce oder mit Gorgonzola serviert werden.

Gnocchi-Fest

In Verona feiert man ein traditionelles Fest, den sogenannten *bacanal del Gnocco*, bei dem sich die Bewohner der Stadt in lustigen Kostümen zu einem karnevalesken Umzug formieren und sich vor Beginn der Fastenzeit noch einmal an den beliebten Klößchen gütlich tun. Angeführt wird der Zug vom ‚Vater des Gnocco' *(papà del gnocco)* und vom ‚Herzog des Kochtopfs' *(duca della pignatta)*.

Im Jahr 1577 wurde es in Genua urkundlich festgelegt: Pasta durfte von nun an nur noch mit Hartweizenmehl aus Durumweizen hergestellt werden. Dies und eine Reihe anderer Vorschriften legte die örtliche Nudelmachergilde schriftlich in ihrer ‚Regolazione dell'Arte dei Maestri Fidelari' (Richtlinien der Nudelmachergilde) nieder.

Pasta kochen & servieren

Die Italiener lieben ihre Pasta geradezu, und so behandeln sie sie auch. Was sie an ihr besonders schätzen, ist ihre Anspruchslosigkeit. Man muss ihr nur ein bisschen Aufmerksamkeit schenken, und das Gericht kann gar nicht misslingen. Wichtig ist vor allem, sie richtig al dente – gerade eben weich – zu kochen. Zugegeben, was man als ‚bissfest' empfindet, ist individuell durchaus verschieden. Manche mögen ihre Pasta etwas fester als andere, und auch hier gibt es regionale Unterschiede. In Norditalien bevorzugt man die Pasta beispielsweise etwas weicher als im Süden. Es ist also ratsam, die Nudeln beim Kochen im Auge zu behalten, damit sie nicht zerkochen. Aber auch nach dem Kochen erfordert die Pasta volle, ungeteilte Aufmerksamkeit, da man sie dann unverzüglich genießen sollte!

An die Töpfe!

Die Sauce sollte bereits fertig sein, und alle sollten am gedeckten Tisch Platz genommen haben.

Wasser kochen

Einen Liter Wasser je 100 Gramm Pasta aufkochen und großzügig salzen.

Pasta kochen

Die Nudeln im offenen Topf nur leicht kochen lassen und gelegentlich umrühren.

Probieren

Die Garprobe machen, um festzustellen, ob die Pasta al dente ist.

Abgießen

Die Pasta abgießen und sofort mit der Sauce vermengen.

Servieren

Die Pasta servieren und unverzüglich genießen!

Al dente heißt das Zauberwort

Das Nudelkochen wird oft komplizierter gemacht, als es tatsächlich ist. Folgen Sie einfach dieser Anleitung, und Ihre Pasta wird stets perfekt gelingen.

Wenn ein italienischer Koch ruft: „Ich werfe jetzt die Pasta in den Topf!", bedeutet das: „Macht euch bereit, das Essen ist fertig!" Bevor mit dem Nudelkochen begonnen wird, **muss alles fertig sein:** Alle hungrigen Mäuler müssen am gedeckten Tisch Platz genommen haben, die Teller müssen vorgewärmt sein, das Sieb muss in der Spüle stehen, und die Sauce muss schon auf die Nudeln warten.

In einem großen Topf **reichlich Wasser** (1 Liter je 100 Gramm Pasta) zum Kochen bringen. Die Nudeln dehnen sich im Wasser aus und brauchen Platz, damit sie nicht zusammenkleben. Auch darauf achten, dass das Wasser nicht zu sehr abkühlt, wenn die Nudeln hineingegeben werden, sie können sonst ebenfalls zusammenkleben. Das Wasser erst salzen, wenn es kocht, es braucht sonst länger, bis es zum Kochen kommt. Öl ins Wasser zu geben, um zu verhindern, dass die Nudeln zusammenkleben, ist überflüssig. Es setzt sich lediglich auf der Wasseroberfläche ab.

Die Nudeln auf einmal ins Wasser geben, damit sie gleichmäßig garen. Lange Nudeln senkrecht in den Topf stellen, warten, bis sie unten weich geworden sind, und dann den oberen Teil unter Wasser drücken. Einmal umrühren und den Deckel auflegen, damit das Wasser rasch wieder zum Kochen kommt. Den Deckel gegebenenfalls etwas geöffnet lassen, damit der Dampf entweichen kann und das Wasser nicht überkocht. Sobald das Wasser wieder kocht, den Deckel abnehmen. Die Wärmezufuhr verringern und darauf achten, dass das Wasser nicht aufhört zu köcheln. Die Nudeln gelegentlich umrühren. Nudeln garen relativ schnell, und schon eine halbe Minute zu viel kann sich verheerend auf den Geschmack und die Konsistenz auswirken. **Die Pasta also stets im Auge behalten.**

Man kann es nicht oft genug wiederholen: Pasta muss **al dente** sein, das heißt weich und trotzdem noch bissfest. Zarte, frische Nudeln brauchen manchmal nur 30 Sekunden, bis sie al dente sind. Bei dickeren getrockneten Nudeln dauert es länger, gelegentlich bis zu einer Viertelstunde. Die Packungsanweisungen beachten und versuchen, ein Gespür dafür zu entwickeln.

Die Pasta **sofort abgießen,** wenn sie gar ist, und dabei etwas Kochwasser auffangen. In Italien verdünnt man damit die Sauce, falls sie zu dick ist. Das Sieb rütteln, damit das Wasser, vor allem bei Röhrennudeln, gut abtropft. Die Pasta dann **sofort mit der Sauce vermengen.**

In Italien serviert man Pasta entweder in kleinen Portionsschüsseln oder in einer großen Schüssel, die bei Tisch herumgereicht wird. Und das ist der Augenblick, in dem es still wird am Tisch … alle vergessen für einen Moment ihre Tischmanieren und hauen rein, denn **jetzt schmeckt die Pasta am besten!**

Wie viel Pasta pro Person?

Das hängt davon ab, ob die Pasta als *primo piatto,* das heißt als erster Gang, serviert wird oder als Hauptgericht. Außerdem kommt es darauf an, ob es sich um frische oder getrocknete Nudeln handelt, denn getrocknete Pasta dehnt sich beim Kochen noch aus. Und dann darf man auch die Sauce nicht vergessen: Eine gehaltvolle Sahnesauce macht schneller satt als eine Sauce aus Olivenöl und Gemüse. Für einen Primo sollten Sie in jedem Fall 50 bis 75 Gramm pro Person rechnen und für ein Hauptgericht 100 bis 125 Gramm.

Spaghetti-Etikette

Spaghetti – und das gilt eigentlich für jede Pasta – isst man mit der Gabel. Ein Messer benötigt man nicht. Wollte man versuchen, Nudeln mit dem Messer zu schneiden, würde man nur befremdete Blicke ernten. Die Italiener achten sehr darauf, welche Pasta zu welcher Sauce passt. Überlegen Sie sich also, ob mit Ihrer Sauce am besten lange oder kurze Nudeln harmonieren. Und die ganze Mühe, Spaghetti richtig al dente zu kochen, wird zunichtegemacht, wenn man sie anschließend auf dem Teller ‚zerstückelt', anstatt sie ganz stilgerecht um die Gabel zu wickeln. Dazu einige Spaghetti mit der Gabel in eine leere Ecke des Tellers ziehen und die Nudeln um die Gabelzinken wickeln. Es bedarf ein wenig Übung, um die richtige Menge zu finden.

Ideale Kombinationen

Die richtige Pasta mit der richtigen Sauce zu kombinieren und umgekehrt mag zwar etwas kompliziert erscheinen, für das Gericht ist es aber von entscheidender Bedeutung, und die Kombinationen ergeben sich im Allgemeinen quasi von selbst. Denn wichtig ist, dass die Pasta die Sauce gut aufnimmt und dass keiner der beiden Bestandteile den anderen überdeckt. Generell bedeutet das: feine, dünnflüssige Saucen für dünne Nudeln und dicke Saucen mit Fleisch- und/oder Gemüsestücken für dickere Nudeln. Machen Sie doch einfach einmal die Probe: Eine dicke Sauce mit großen Fleischstücken haftet nicht gut an dünnen Nudeln. Sie rutschen einfach ab, und man hat zum Schluss noch die ganze Sauce auf dem Teller. Daher sind *Spaghetti alla bolognese* keine wirklich gelungene Kombination. Zu Fleischsaucen isst man in Italien Tagliatelle, Pappardelle oder kurze Röhrennudeln. Dünnflüssige Saucen auf der Basis von Olivenöl oder Tomaten, wie man sie vor allem in Süditalien findet, sind wesentlich besser für Spaghetti und andere dünne Nudeln geeignet. In Norditalien sind die Saucen meist herzhafter und enthalten viel Käse, Sahne und Butter. Dazu passen am besten frische, seidige Eiernudeln, die die Sauce gut aufnehmen. Bestimmte Klassiker wie *Fettuccine all'Alfredo, Trenette alla genovese, Pappardelle mit Hasenragout (alla lepre)* … serviert man ausschließlich mit ein und derselben Pastasorte, die perfekt mit der Sauce harmoniert.

Der Teller

Pasta serviert man am besten auf einem vorgewärmten Suppenteller, denn er speichert die Wärme aufgrund seiner konkaven Form länger. Außerdem lassen sich die Nudeln so einfacher essen, ohne zu kleckern oder die Tischnachbarn mit zu Sauce zu bespritzen.

Der Käse

Häufig stellt man geriebenen Käse, in der Regel Parmesan, auf den Tisch, den man über die Pasta streut. Bei bestimmten Gerichten wie *Tagliatelle alla bolognese*, *Fettuccine all'Alfredo* oder *Penne alla carbonara* ist Extrakäse einfach ein Muss. Bei Gerichten mit Pilzen ist er allerdings für gewöhnlich nicht notwendig. Das Gleiche gilt für Pasta mit Fisch und Meeresfrüchten. Den Käse unbedingt stets frisch reiben und keinen fertig geriebenen Parmesan aus dem Supermarkt nehmen, der absolut nichts mit frischem gemein hat.

Primo, Beilage oder vollwertige Mahlzeit?

In Italien gilt Pasta nicht als eigenständige Mahlzeit, sondern eher als erster Gang *(primo)*. Im Rest der Welt wird sie hingegen für gewöhnlich als Hauptgericht serviert oder als Beilage zu einem Hauptgericht. Eine Pasta mit einer einfachen, frisch zubereiteten Sauce und vielleicht einem Salat ist eine schnelle, gesunde Mahlzeit. Und was passte besser zu einem schönen Stück Grillfleisch oder einem guten Fisch als eine ordentliche Portion Pasta?

Auf der anderen Seite eignet sich Pasta – ganz in der italienischen Tradition – auch hervorragend, um aus einer Suppe, etwa einer gehaltvollen *Minestrone* mit Gemüse, eine vollwertige Mahlzeit zu machen. Die Liste der Beispiele ließe sich endlos fortsetzen, und der eigenen Fantasie sind dabei keine Grenzen gesetzt.

Man begegnet ihnen gelegentlich noch, vor allem auf dem Land: italienischen Köchen, die ihre Pasta jeden Tag frisch zubereiten. Sie vermitteln den Eindruck, als gäbe es nichts Einfacheres auf der Welt. Auf alle Fälle aber beweisen sie, dass man nicht viel braucht, um eine perfekte Pasta herzustellen. Sie sieben das Mehl auf eine große Arbeitsfläche, schlagen

Küchengeräte

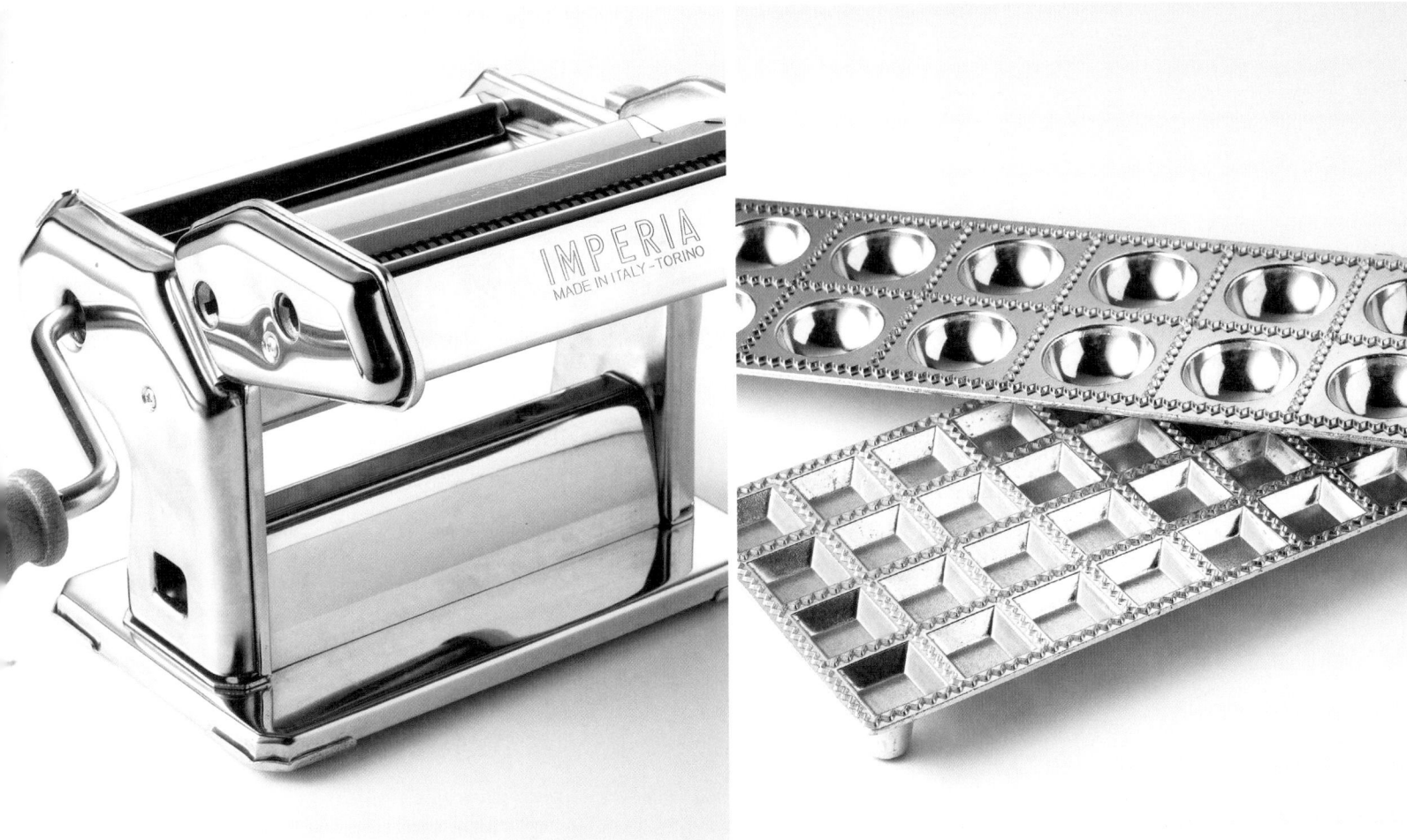

die Eier hinein und fangen an zu kneten. Sie rollen den Teig mit langen Nudelhölzern aus. Und die Form? Rollen Sie den Teig aus und schneiden Sie ihn in Streifen, und schon haben Sie Tagliatelle oder Pappardelle. Schneiden Sie ihn in kleine Stücke und formen Sie mit dem Daumen winzige Schüsseln daraus, und schon haben Sie Orecchiette.

Vielleicht bedarf es lebenslanger Übung, damit dies perfekt und mühelos gelingt. Aber eine einfache Nudelmaschine, mit der man den Teig nicht nur ausrollen, sondern auch schneiden kann, kann für einen Anfänger eine lohnende Investition sein. Daneben gibt es noch ein paar andere Dinge, die die Herstellung, das Kochen und sogar das Essen von Pasta erleichtern.

Ravioli-Aussstecher

Damit die Ravioli schön gleichmäßig werden, können spezielle Ravioli-Ausstecher verwendet werden. Die runden oder quadratischen Ravioli-Ausstecher sind in verschiedenen Größen erhältlich.

Spaghetti-Maß

Mithilfe dieses kleinen, flachen Kunststoffbretts mit mehreren, verschieden großen Löchern kann genau die Menge an ungekochten Spaghetti ermittelt werden, die man für eine bestimmte Anzahl von Gästen benötigt. Dazu nur das entsprechende Loch mit Spaghetti füllen.

Nudelholz

Ein Nudelholz ist zur Pastaherstellung ganz unverzichtbar. In Italien verwendet man einen bis zu 80 Zentimeter langen und bis zu fünf Zentimeter dicken Stock, der sich manchmal zu den Enden hin verjüngt.

Nudelmaschine

Mechanische Nudelmaschinen gibt es eigentlich in jedem Haushaltswarengeschäft. Die einfachsten Modelle sind recht preiswert und eigentlich unverzichtbar beim Herstellen verschiedener frischer Nudeln. Das Prinzip ist seit Jahrzehnten unverändert: Mithilfe verstellbarer Walzen lässt sich der Teig dünner und dünner ausrollen, bis man ein langes, gleichmäßiges Stück hat. Zusätzlich verfügt die Maschine über Schneiden, mit denen der Teig in unterschiedlich breite Streifen, gewöhnlich in der Breite von Tagliatelle und Tagliarine (schmale Tagliatelle), geschnitten werden kann. Mit manchen Modellen kann man sogar Pappardelle oder Ravioli zuschneiden.

Nudelpresse

Auf dem Markt sind auch semiprofessionelle elektrische Nudelmaschinen erhältlich, mit denen verschiedene Formen gepresst werden können. Das ermöglicht es, auch kompliziertere Formen wie Spaghetti, Makkaroni, Penne rigate und Fusilli selbst zu machen. Manche Modelle rühren den Teig sogar an und kneten ihn. Man muss nur noch die Zutaten hineingeben – und eine Sauce zubereiten.

Nudeltrockenständer

Ein spezieller Ständer zum Trocknen der Pasta ist sehr praktisch, wenn man Nudeln selbst trocknen will. Zur Not können Sie aber auch einen Besenstiel über zwei Stühle legen.

Teigrädchen

Teigrädchen eignen sich unter anderem zum Schneiden von Lasagne und Tagliatelle. Mit manchen Modellen kann man die Ränder der Pasta auch mit einem Wellenmuster verzieren. Das Teigrädchen ist auch ideal zum Ausschneiden von Ravioli.

Raviolibrett

Raviolibretter gibt es in verschiedenen Formen und Größen. Man legt einfach einen Teigstreifen auf die Form und gibt die Füllung in die Vertiefungen. Anschließend legt man einen zweiten Teigstreifen darauf und rollt vorsichtig mit dem Nudelholz darüber. Durch die erhöhten Ränder wird der Teig sauber abgeschnitten, und Sie erhalten schöne, gleichmäßige und gleich große Ravioli. Darauf achten, dass man das Brett so füllen kann, dass die Luft aus den Ravioli entweichen kann (ein rechteckiges Brett mit runden Vertiefungen für die Füllung ist in dieser Hinsicht weitaus praktischer als beispielsweise eines mit dreieckigen Vertiefungen). Damit der Teig sauber abgeschnitten wird, müssen die Ränder hoch und scharf genug sein. Außerdem müssen sich die Ravioli leicht aus den Vertiefungen lösen, damit man nicht unnötig viel Zeit damit verbringt, sie herauszulösen.

Der Nabel der Venus

Es gibt eine alte Legende, die die Erfindung der Tortellini schildert. Danach hatten sich Venus, die römische Göttin der Liebe, und Jupiter zu einem heimlichen Rendezvous in einem Gasthof verabredet. Der Wirt war so beeindruckt von der Schönheit der Venus, dass er einen Blick in ihr Zimmer zu erhaschen versuchte, während sie auf Jupiter wartete. Er betrachtete sie durchs Schlüsselloch, während sie auf dem Bett lag. Doch alles, was er sehen konnte, war ihr Nabel, der so vollkommen war, dass er ihn zur Erfindung der Tortellini inspiriert haben soll.

Töpfe

Für welchen Topf man sich auch entscheidet, wichtig ist, dass er groß genug ist. Pasta muss stets in reichlich Wasser gekocht werden. Wer 500 Gramm Pasta auf einmal kochen möchte, benötigt einen Kochtopf, der mindestens fünf Liter Wasser fassen kann, ohne dass er gleich überläuft, wenn man mal kräftig umrührt. Ideal ist ein leichtes Material wie Aluminium, damit sich auch der volle Topf zum Abgießen ohne größeren Kraftaufwand heben lässt.

Spezielle Pastakochtöpfe mit Siebeinsätzen sind sehr zu empfehlen, denn der Einsatz lässt sich nach dem Kochen einfach herausnehmen und man kann die Nudeln gleich darin abtropfen lassen. Das ist, vor allem bei größeren Mengen, wesentlich praktischer, als die Nudeln aus dem Topf abzugießen. Und man muss das Nudelwasser, das die Italiener gerne zum Verdünnen der Sauce verwenden, nicht erst mühsam auffangen.

Daneben gibt es Pastatöpfe, die statt eines Einsatzes einen perforierten Deckel haben, den man zum Abgießen als Sieb benutzen kann. Bei vielen dieser Töpfe fließt das Wasser beim Abgießen allerdings zu langsam heraus, wodurch die Gefahr besteht, dass die Nudeln zu lange garen.

Sieb

Wer keinen Pastatopf besitzt, kann zum Abgießen und Abtropfen auch ein stabiles Sieb benutzen.

Spaghetti-Tester

Schon fertig? Mit diesem kleinen Gerät können ganz einfach einzelne Spaghetti aus dem Wasser gefischt werden, um die Garprobe zu machen.

Pastalöffel

Pastalöffel haben einen gezackten Rand, der verhindern soll, dass die Nudeln herunterfallen.

Schüsseln und Teller

Pasta serviert man am besten in einer großen vorgewärmten Schüssel, die bei Tisch herumgereicht wird, oder in tiefen Tellern oder kleinen Portionsschüsseln.

Gli spaghetti amano la compagnia, sagt man in Italien. Das heißt, ‚Spaghetti sind gerne in Gesellschaft', und bedeutet, dass man die Spaghetti beim Kochen nicht aus den Augen lassen sollte. Denn nur so können Sie sichergehen, dass sie auch wirklich gelingen und nicht zerkochen. (Zerkochte Pasta gilt in Italien als ungenießbar. Man kann sie nur noch wegwerfen und neue kochen.) Und Sie können die Nudeln von Zeit zu Zeit umrühren, damit sie nicht zusammenkleben.

Fettuccine all'Alfredo, Spaghetti con aglio e olio, Tagliatelle alla bolognese… – manche Pastagerichte sind so unverwechselbar und so populär, dass sie zu Klassikern geworden sind, die man überall auf der Welt genießt und von denen es alle möglichen lokalen Abwandlungen gibt. Die Frage, welches beispielsweise die wahre, die authentische Carbonara oder Napoletana ist, wird immer wieder heiß disku-

Klassiker

tiert. Vielleicht sind es gerade die Kreativität und die Leidenschaft, die diese Gerichte zu entfachen scheinen, die sie zu Klassikern machen. Eines jedoch haben sie alle gemein: ihre Einfachheit. Hinter dem Namen *Spaghetti con aglio e olio* verbirgt sich nichts anderes als Spaghetti mit Knoblauch und Olivenöl. Selbst ein zeitaufwendiges Gericht wie *Lasagne al forno* besteht aus relativ einfachen Zutaten. Sollten Sie also selbst einmal ein Erfolg versprechendes Pastarezept kreieren wollen, sollten Sie bei den Zutaten Zurückhaltung üben. Und vielleicht haben Sie sich ja auch schon einmal gefragt, wer eigentlich dieser Alfredo war, warum *Ravioli di magro* gar nicht so figurfreundlich sind oder warum in Bologna kein Mensch *Spaghetti alla bolognese* isst? Die Antwort darauf finden Sie auf den folgenden Seiten.

Tagliatelle alla bolognese

Wer in Bologna Spaghetti alla bolognese bestellt, wird auf Unverständnis stoßen. Bestenfalls wird Ihnen der Kellner leicht indigniert erklären, dass das einfach nicht zusammenpasst. Ein Italiener käme niemals auf die Idee, ein dickes Ragù mit einer dünnen Nudel zu kombinieren, denn die Spaghetti würden sich mit der Sauce gar nicht erst um die Gabel wickeln lassen. Tagliatelle hingegen nehmen die Bologneser Sauce weitaus besser auf. Dass man diese Sauce außerhalb Italiens meist mit Spaghetti serviert, liegt schlicht und einfach daran, dass Spaghetti die einzige Pastasorte waren (und mitunter vielleicht sogar noch sind), die überall erhältlich war beziehungsweise ist, und dass sich die gehaltvolle Hackfleisch-Gemüse-Sauce besonderer Beliebtheit erfreut. Kennt man sie doch in nahezu allen Regionen Italiens, wo man sie gewöhnlich als Ragù bezeichnet, ist die Variante aus Bologna allerdings die mit Abstand bekannteste.

400 g Tagliatelle all'uovo (mit Ei)
300 g Rinderhackfleisch
1 EL Olivenöl
100 g Pancetta, in Streifen geschnitten
2 Zwiebeln, fein geschnitten
1 Möhre, fein gewürfelt
3 Stangen Sellerie, gehackt
1 große Handvoll Petersilie, fein gehackt
2 EL Tomatenmark
1 Dose (400 g) geschälte Tomaten
250 ml Gemüsebrühe
200 ml trockener Weißwein
1 Lorbeerblatt
Salz und Pfeffer
1 Prise Zucker
100 g Hühnerleber (nach Belieben)
2 TL Butter

1. Das Öl erhitzen und das Hackfleisch unter Rühren darin anbraten. Den Pancetta und die Zwiebel hinzufügen und das Ganze unter Rühren braten, bis das Fleisch braun und krümelig ist.
2. Möhre und Sellerie dazugeben und einige Minuten mitbraten.
3. Petersilie, Tomatenmark, die geschälten Tomaten, Gemüsebrühe, Weißwein und Lorbeerblatt hinzufügen und mit Salz, Pfeffer und Zucker abschmecken. Aufkochen lassen und danach 30 Minuten bei geringer Hitze köcheln lassen.
4. Wenn die Sauce fast fertig ist, die Tagliatelle in reichlich kochendem Salzwasser al dente garen.
5. Während die Nudeln kochen, gegebenenfalls die Hühnerlebern in der Butter rundherum braun anbraten, anschließend aus der Pfanne nehmen, fein hacken und in die Sauce rühren.
6. Die Nudeln abgießen, sofort mit der Sauce vermengen und servieren.

Bei vielen Gemüsesorten geht durch das Kochen ein großer Teil der Nährstoffe verloren. Ganz anders verhält es sich dagegen bei der Tomate. Denn der Körper kann das in der Tomate enthaltene Lycopin besser aufnehmen, wenn die Tomaten vorher zerkleinert und gekocht wurden. Lycopin zählt zu den Antioxidantien, und man sagt ihm alle möglichen gesundheitsfördernden Eigenschaften nach. So soll es beispielsweise entzündungshemmend wirken, Herz-Kreislauf-Erkrankungen und bestimmten Krebserkrankungen vorbeugen und vor Makuladegeneration (bestimmten Augenkrankheiten) und Osteoporose schützen. Sie haben keine Zeit, Ihre Tomatensauce selbst zu machen? Dann ersetzen Sie die Dosentomaten und das Tomatenmark doch einfach durch eine gute Fertigsauce aus dem Glas. Achten Sie dabei aber darauf, dass sie keine künstlichen Zusatzstoffe enthält.

Penne alla carbonara

Es gibt nur wenige Pastarezepte, bei denen die Meinungen so auseinandergehen wie bei der Carbonara. Mit oder ohne Petersilie, mit oder ohne Knoblauch, mit langen oder kurzen Nudeln und – besonders umstritten – mit oder ohne Sahne? Die echte italienische Carbonara wird in der Regel ohne Sahne zubereitet. Manche halten es sogar für einen Frevel oder bestenfalls für eine Verfälschung, die Sauce mit Sahne zuzubereiten. In früherer Zeit gab es allerdings verschiedentlich auch italienische Varianten, die mit etwas Sahne verfeinert wurden und die man gerne Rekonvaleszenten zu essen gab, damit sie wieder zu Kräften kamen. Die sizilianischen Kohlenbergwerksarbeiter, nach denen die Sauce benannt ist, konnten nach der harten Arbeit unter Tage eine kräftige Mahlzeit, die sich überdies aus wenigen Zutaten im Handumdrehen über einem Lagerfeuer zusammenrühren ließ, in jedem Fall vertragen. Traditionell wird das Gericht zum Schluss noch mit reichlich schwarzem Pfeffer übermahlen – eine Reminiszenz an den Kohlenstaub, der beim Essen von den Kleidern der Bergarbeiter abfiel.

400 g Penne rigate
250 g Pancetta, klein geschnitten
1 Knoblauchzehe, geschält
200 g Pecorino, gerieben
2 Eier, verquirlt
Salz und frisch gemahlener schwarzer Pfeffer

1. Die Penne in reichlich kochendem Salzwasser al dente garen.
2. Inzwischen den Pancetta mit dem Knoblauch in einer Pfanne anbraten.
3. Den Knoblauch herausnehmen.
4. Die Nudeln abgießen, mit dem Pancetta vermengen und die Pfanne vom Herd nehmen.
5. Die Eier und den geriebenen Pecorino hinzufügen und die Eier unter Rühren leicht stocken lassen. Mit Salz und Pfeffer abschmecken und sofort servieren.

Spaghetti alla napoletana

Die Neapolitaner gehörten mit zu den Ersten, die die Tomate, die spanische Forschungsreisende aus Südamerika mitgebracht hatten, in der Küche verwendeten. In der damaligen Zeit eine wahrhaft revolutionäre Idee. Denn Tomaten wurden damals zwar bereits überall in Italien kultiviert, aber nur als Zierpflanzen. Als Napoletana bezeichnet man noch heute eine einfache, schnelle Tomatensauce, die nach Belieben noch mit Knoblauch und Basilikum verfeinert werden kann und die man nicht nur zu Pasta serviert, sondern auch zum Verfeinern von Gemüse und zum Bestreichen von Pizzaböden verwendet.

400 g Spaghetti
2 EL Olivenöl
1 Zwiebel, fein geschnitten
400 g Tomaten, entkernt und gewürfelt
1 Prise scharfes Chilipulver
Salz
etwas Zucker
1 kleine Handvoll Petersilie, grob gehackt
1 kleine Handvoll Basilikum, grob gehackt
50 g Parmesan, grob gerieben

1. Das Öl in einer Pfanne erhitzen und die Zwiebel anschwitzen. Tomaten, Chilipulver, etwas Salz und eine Prise Zucker hinzufügen, gut umrühren und das Ganze 5 Minuten bei geringer Hitze köcheln lassen.
2. Die Spaghetti in reichlich kochendem Salzwasser al dente garen.
3. Die Nudeln abgießen und sofort mit der Sauce, der Petersilie und dem Basilikum vermengen.
4. Die Nudeln auf Tellern oder in Schalen anrichten, mit Parmesan bestreuen und sofort servieren.

Parmesan – wie er aufbewahrt wird

Qualität zahlt sich aus, und das gilt einmal mehr auch bei dem berühmten Parmesan, dem Parmigiano-Reggiano. Wird er beim Kochen eingesetzt, so ist eine fachgerechte Lagerung wichtig, um Geschmack und Nährwert über einen bestimmten Zeitraum hinweg zu erhalten.

Vakuumverpackter Parmigiano-Reggiano hält sich bis zu sechs Monaten. Er kann dann im Kühlschrank bei 4 bis 8 Grad Celsius aufbewahrt werden. Da extreme Temperaturschwankungen Auswirkungen auf Aroma und Geschmack des Parmesans haben, sollte die Kühlkette nicht unterbrochen werden.

Auch das frisch an der Käsetheke gekaufte Produkt kann bei dieser Temperatur so aufbewahrt werden. Idealerweise liegt der Käse getrennt von anderen Lebensmitteln, denn das Käsefett kann sonst leicht die im Kühlschrank vorhandenen Geruchsnoten annehmen. Es eignen sich spezielle Käsebehälter aus Glas oder aus Kunststoff für das Lagern; der angeschnittene Parmesan kann aber auch in Frischhaltefolie eingeschlagen werden. Er sollte so am besten nur eine Woche aufbewahrt werden.

Bucatini mit Sardinen

Dieses traditionelle sizilianische Gericht stammt vermutlich aus dem Mittelalter, aus einer Zeit also, als die Araber auf der Insel herrschten. Manche behaupten sogar, es seien die Araber gewesen, die die Sizilianer in die Kunst der Pastaherstellung einweihten. Mag dies nun stimmen oder nicht, ist die Sauce in jedem Fall eine köstliche Kombination aus heimischen Zutaten und arabischen Einflüssen. Lange Röhrennudeln (Bucatini oder Makkaroni) und fangfrische Sardinen aus dem Mittelmeer werden mit wildem sizilianischem Fenchel und arabischem Safran, Zitronenschale, Rosinen und Pinienkernen verfeinert. Tomaten, so der sizilianische Koch Pino Correnti, haben in diesem Gericht allerdings nichts zu suchen. Der Safran reicht vollkommen aus, um ihm die richtige Farbe zu verleihen.

400 g Bucatini
500 g frische Sardinen, gesäubert und von Köpfen und Gräten befreit
Salz
Saft und abgeriebene Schale von 1 unbehandelten Zitrone
1 Fenchelknolle, vom Strunk befreit und in Streifen geschnitten
1 Dose (50 g) Sardellenfilets, gehackt
3 Knoblauchzehen, gehackt
1 große Handvoll Petersilie, gehackt
6 EL Olivenöl
1 TL Fenchelsamen
1 Zwiebel, fein geschnitten
50 g Rosinen, in etwas Wasser eingeweicht (das Wasser aufheben)
1 Prise Safran, in etwas Wasser eingeweicht
2 EL Pinienkerne, bei sehr geringer Hitze ohne Fett in der Pfanne geröstet
frisch gemahlener Pfeffer

1. Die Sardinen trocken tupfen und mit etwas Salz bestreuen. Mit Zitronensaft beträufeln und kühl stellen.
2. Den Fenchel etwa 5 Minuten weich garen, in ein Sieb abgießen (die Flüssigkeit auffangen) und in Würfel schneiden.
3. Sardellenfilets, Knoblauch, die Hälfte der Petersilie, 4 Esslöffel Öl, die Hälfte der Zitronenschale und die Fenchelsamen im Mörser zu einer Paste verarbeiten.
4. 1 Esslöffel Öl in einer Pfanne erhitzen und die Zwiebel kurz darin anschwitzen. Die Fenchelwürfel dazugeben und ebenfalls etwas anschwitzen. Die Wärmezufuhr dann verringern, die Sardellenpaste, die Rosinen mit dem Einweichwasser, den Safran, 1 Esslöffel Fenchelwasser und die Pinienkerne hinzufügen und alles einige Minuten bei geringer Hitze köcheln lassen.
5. Das restliche Fenchelwasser in einem großen Topf aufkochen, aufgefüllt mit so viel Wasser, wie zum Nudelnkochen benötigt wird, salzen und die Bucatini darin al dente kochen.
6. Die Sardinen trocken tupfen. Das restliche Öl in einer Pfanne erhitzen und die Sardinen auf beiden Seiten etwa 2 Minuten braten, bis sie weich sind. Mit etwas Salz bestreuen und mit Pfeffer übermahlen.
7. Die Nudeln abgießen und auf 4 Teller verteilen. Etwas Sauce darübergeben und jeweils mit 4 Sardinen belegen. Mit der restlichen Petersilie bestreuen und sofort servieren.

„Die Art
wie jemand PA
gibt einen
dessen Cha

und Weise
STA isst,
Eindruck von
rakter.'

Italienisches Sprichwort

Farfalle auf Holzfäller-Art

Steinpilze sind unverzichtbar in dieser köstlich cremigen ‚Holzfäller'-Sauce. Sie verleihen dem Gericht eine erdige und dennoch feine Note. Steinpilze wachsen in den Wäldern der Lombardei, woher auch diese Sauce stammt. Heute findet man *Pasta alla boscaiola*, die für gewöhnlich mit kurzen Nudeln wie Farfalle oder Penne serviert wird, überall in Italien.

400 g Farfalle
2 EL Olivenöl
1 Zwiebel, fein gehackt
25 g getrocknete Steinpilze, in heißem Wasser eingeweicht und gehackt (das Einweichwasser abseihen und aufheben)
2 Knoblauchzehen, durchgepresst
400 g gemischte Waldpilze, in dünne Scheiben geschnitten
1 kleine Handvoll frischer Salbei, fein gehackt (plus einige in Streifen geschnittene Blätter zum Garnieren)
Salz und frisch gemahlener Pfeffer
200 ml trockener Weißwein
120 g Mascarpone
200 g Gorgonzola, zerkrümelt

1. Das Öl in einer Pfanne erhitzen. Zwiebel und Steinpilze etwa 3 Minuten darin anbraten, bis die Zwiebel glasig ist.
2. Den Knoblauch, die Pilzscheiben und den gehackten Salbei hinzufügen und mit etwas Salz und Pfeffer würzen. Das Ganze unter Rühren etwa 5 Minuten bei mittlerer Hitze köcheln lassen.
3. Das Steinpilzwasser und den Wein angießen und die Sauce bei geringer Hitze köcheln lassen.
4. Die Farfalle in reichlich kochendem Salzwasser al dente garen.
5. Inzwischen den Mascarpone und den Gorgonzola in die Sauce rühren. Die Sauce noch einmal erhitzen und den Käse unter Rühren schmelzen lassen. Mit Salz und Pfeffer abschmecken.
6. Die Nudeln abgießen und mit der Sauce vermengen.
7. Auf Teller oder Schalen verteilen, mit Salbei bestreuen und sofort servieren.

Pappardelle mit Hasenragout

Aus der waldreichen Toskana kommt eine Vielzahl von Wildgerichten. Ein exzellentes Beispiel ist dieses Hasenragout mit breiten Bandnudeln. Das Fleisch wird über Nacht in Rotwein mariniert und langsam mit Tomaten und Gemüse gegart, bis es so zart ist, dass es sich von selbst von den Knochen löst. Im toskanischen Lucca verwendet man für dieses Gericht Kaninchen anstelle von Hasenfleisch.

400 g Pappardelle
500 g Hasenfleisch, zerkleinert
5 EL Olivenöl
1 EL frischer Thymian oder 1 TL getrockneter Thymian
400 g Tomaten, entkernt und in mittelgroße Stücke geschnitten
Salz und frisch gemahlener Pfeffer
2 EL Tomatenmark
1 Handvoll Petersilie, gehackt

Für die Marinade:
500 ml Rotwein
3 Stangen Sellerie, grob zerkleinert
2 Zwiebeln, grob zerkleinert
3 Knoblauchzehen, grob zerkleinert
1 TL Fenchelsamen
1 Lorbeerblatt
2 Gewürznelken
6 Pfefferkörner

1. Die Marinadenzutaten in einer großen Schüssel verrühren und das Fleisch hineingeben. Zudecken und 24 Stunden in den Kühlschrank stellen. Das Fleisch alle paar Stunden wenden.
2. Das Fleisch aus der Marinade nehmen und trocken tupfen. Die Marinade durch ein Sieb seihen. Die Pfefferkörner und die Gewürznelken entfernen, das Gemüse abtropfen lassen und die Flüssigkeit beiseitestellen.
3. 3 Esslöffel Öl in einer Pfanne erhitzen und das Fleisch rundherum anbraten. Das Gemüse aus der Marinade hinzufügen und das Fleisch weitergaren. Dabei gelegentlich umrühren.
4. Die Marinade angießen, den Thymian einstreuen, mit Salz und Pfeffer würzen und das Fleisch etwa 2 Stunden bei geringer Hitze im offenen Topf weich garen.
5. Das Fleisch herausnehmen, von den Knochen befreien und klein schneiden.
6. Das Lorbeerblatt entfernen und die Sauce mit dem Stabmixer pürieren.
7. Die Tomatenstücke, das Tomatenmark und Fleisch in die Sauce geben und das Ragout bei mittlerer Hitze köcheln lassen.
8. Die Pappardelle in reichlich kochendem Salzwasser al dente garen.
9. Die Nudeln abgießen und mit der Sauce vermengen. Auf Teller verteilen, mit Petersilie bestreuen und sofort servieren.

Trenette alla genovese

Wie die Holländer sind auch die Genuesen bekannt für ihre Sparsamkeit. Das erklärt möglicherweise, weshalb sie die Ersten waren, die dazu übergingen, Pasta mit Kartoffeln und Bohnen zu kombinieren. Dann brauchten sie nämlich weniger Pesto. Trenette kennt man nur in Ligurien. Falls Sie diese Sorte nicht bekommen, eignen sich ersatzweise auch schmale Bandnudeln.

400 g Trenette
2 festkochende Kartoffeln, geschält, halbiert und der Länge nach in etwa 0,5 cm dicke Scheiben geschnitten
100 g grüne Bohnen
Salz

Für das Pesto:
1 große Handvoll frisches Basilikum
2 Knoblauchzehen, in dünne Scheiben geschnitten
1½ EL Pinienkerne
100 g Parmesan, gerieben
4 EL Olivenöl
Salz

1. Sämtliche Pestozutaten mit dem Stabmixer zu einer dicken Sauce verrühren.
2. Die Kartoffeln und die Bohnen etwa 5 Minuten im offenen Topf in reichlich Salzwasser weich garen. Mit einem Schaumlöffel aus dem Topf heben und abtropfen lassen.
3. Die Trenette in das Wasser geben, aufkochen und al dente garen.
4. Das Pesto in eine große Schüssel füllen und mit 3–4 Esslöffeln Nudelwasser verrühren.
5. Die Nudeln abgießen und sorgfältig mit Pesto, Kartoffeln und Bohnen vermengen. Auf Teller verteilen und sofort servieren.

Spaghetti mit Venusmuscheln

Im Grunde gibt es zwei Varianten der *Spaghetti alle vongole:* eine ‚rote' mit einer Tomatensauce und diese ‚weiße' mit Weißwein, Knoblauch und Petersilie. Manche Köche verfeinern die Sauce noch mit etwas Sahne, auch wenn das streng genommen nicht dem klassischen Rezept entspricht. Die Muschelsauce serviert man mit Linguine oder Spaghetti.

400 g Spaghetti all'uovo (mit Ei)
1 kg frische Venusmuscheln, geputzt (geöffnete Muscheln aussortieren)
250 ml Weißwein
2 EL Olivenöl
1 kleine Zwiebel, fein geschnitten
3 Knoblauchzehen, fein geschnitten
1 große Handvoll frische Petersilie, fein geschnitten
Salz
2 EL Butter
Saft von ½ Zitrone
frisch gemahlener Pfeffer

1. Die Muscheln in einen großen Topf geben, den Wein angießen und aufkochen lassen. Die Muscheln etwa 5 Minuten köcheln lassen, bis sich die Schalen geöffnet haben (geschlossene Exemplare aussortieren). Die Muscheln aus dem Topf heben, die Kochflüssigkeit abseihen und beiseitestellen.
2. 2 Esslöffel Öl in einer Pfanne erhitzen und Zwiebel, Knoblauch und die Hälfte der Petersilie darin anschwitzen, bis die Zwiebel glasig ist.
3. Das Muschelwasser angießen und um die Hälfte einkochen lassen.
4. Die Spaghetti in reichlich kochendem Salzwasser al dente garen.
5. Die Muscheln und die Butter in die reduzierte Sauce rühren und mit Zitronensaft, Salz und Pfeffer abschmecken.
6. Die Spaghetti abgießen und sofort mit der Sauce vermengen. Auf Teller verteilen, mit Petersilie bestreuen, mit etwas Pfeffer übermahlen und sofort servieren.

Gnocchi alla romana

Ⓥ

Wörtlich übersetzt bedeutet Gnocco ‚Klumpen' oder ‚Kloß'. Die berühmtesten ‚Klöße' werden aus Kartoffeln hergestellt. Diese römische Variante, die dem Originalrezept am ehesten entspricht, besteht hingegen aus Weizenmehl, Eiern und Wasser. Das Rezept ist sehr viel älter (das genaue Alter ist unbekannt) als das der Kartoffelgnocchi, die man ‚erst' seit dem 18. Jahrhundert kennt. Die handgeformten Klößchen werden kurz mit etwas Butter im Backofen oder in der Pfanne gebraten. Dazu serviert man traditionell eine einfache Tomatensauce (siehe Seite 32).

1 l Milch
Salz und Pfeffer
60 g Butter + Butter für die Form
225 g italienisches Hartweizenmehl *(semola di grano duro)*
3 Eier + 1 Eigelb, verquirlt
75 g Parmesan, gerieben

1. Die Milch aufkochen, mit Salz und Pfeffer würzen und die Butter in der heißen Milch unter Rühren schmelzen lassen.
2. Das Mehl nach und nach in die Milch rühren. Das Ganze anschließend 15 Minuten bei geringer Hitze unter Rühren köcheln lassen, bis ein dickflüssiger Teig entstanden ist. Den Topf dann vom Herd nehmen.
3. Die verquirlten Eier und die Hälfte des Parmesans sorgfältig untermischen. Den Teig in eine mit Butter eingefettete Auflaufform oder auf ein eingefettetes Backblech streichen und abkühlen lassen.
4. Den Backofen auf 200 °C (Umluft 180 °C, Gas Stufe 6) vorheizen.
5. Mit einer runden Ausstechform (etwa 3 Zentimeter Durchmesser) Kreise aus dem Teig ausstechen, in einer mit Butter eingefetteten Auflaufform verteilen, mit dem restlichen Parmesan bestreuen und mit Butterflöckchen besetzen. Die Gnocchi etwa 10 Minuten backen, bis sie eine goldbraune Kruste haben.

Ravioli di magro

‚Magere' Ravioli? Zugegeben, mit dem Ricotta und der Butter sind diese Ravioli alles andere als ‚mager'. ‚Di magro' hat hier allerdings auch nichts mit dem Kaloriengehalt zu tun, sondern bedeutet so viel wie ‚fleischlos'. Seit jeher isst man diese Ravioli während der Fastenzeit vor Ostern. Für viele Menschen noch heute eine Zeit des Maßhaltens. Sehr gut schmecken die Ravioli di magro auch mit einer Sahnesauce, etwas Butter und Parmesan.

Für den Ravioliteig:
300 g italienisches Pastamehl (Type 00) (ersatzweise Weizenmehl Type 405)
3 Eier
½ TL Salz
½ EL Olivenöl

Für die Füllung:
1 kleine Zwiebel, fein gehackt
1 Knoblauchzehe, fein geschnitten
1 EL Olivenöl
400 g Spinat, grob gehackt
300 g Ricotta
Salz und frisch gemahlener Pfeffer
100 g Butter
1 kleine Handvoll frischer Salbei, in Streifen geschnitten

1. Das Mehl auf die saubere, trockene Arbeitfläche sieben und eine Mulde in die Mitte des Mehlbergs drücken. Die Eier und das Salz hineingeben. Mit einer Gabel vorsichtig von der Mitte nach außen rühren, bis das Mehl vollständig mit den Eiern vermischt ist. Den Teig anschließend 10–15 Minuten durchkneten, bis er weich und elastisch ist. In Frischhaltefolie einschlagen und 30 Minuten ruhen lassen.

2. Inzwischen die Zwiebel und den Knoblauch bei geringer Hitze im heißen Öl anschwitzen. Den Spinat hinzufügen und zusammenfallen lassen. Die Pfanne dann vom Herd nehmen, die Mischung durch ein Sieb passieren und in eine Schüssel füllen. Den Ricotta untermengen und mit Salz und Pfeffer abschmecken.

3. Den Teig auf der bemehlten Arbeitsfläche zu einem etwa 2 Millimeter dünnen Rechteck ausrollen. Die Füllung entlang einer gedachten Linie in der Mitte des Rechtecks in regelmäßigen Abständen in kleinen Häufchen auf den Teig setzen. Den Teig rund um die Füllung mit einem nassen Pinsel anfeuchten. Die andere Teighälfte darüberklappen und den Teig rund um die Füllungen leicht andrücken. Mit einem Teigrädchen, einem Ravioli-Ausstecher oder einem scharfen Messer halbmondförmige oder quadratische Ravioli ausschneiden und die Ränder mit den Zinken einer Gabel fest zusammendrücken.

4. Die Ravioli 3–4 Minuten in reichlich kochendem Wasser garen und anschließend abgießen.

5. Inzwischen die Butter bei geringer Hitze mit dem Salbei zerlassen. Die Butter nicht braun werden lassen.

6. Die Ravioli auf die Teller verteilen, mit der Salbeibutter beträufeln und sofort servieren.

Überbackene Lasagne

Erstmals erwähnt wurde die Lasagne (*lasagna* bedeutet Teigblatt oder breite Nudel) – besser gesagt ein Vorläufer – im ersten nachchristlichen Jahrhundert. Damals schichtete man Teigblätter und eine Fleisch- oder Fischfarce, und das Ganze wurde anschließend gebacken. Jahrhunderte später hatten sich aus diesem uralten Rezept zahllose Varianten entwickelt. Die bekannteste ist allerdings nach wie vor diese Version mit Ragù und Béchamelsauce.

1 Packung grüne Lasagneblätter (500 g), gegebenenfalls vorgekocht (bei den meisten Fertigprodukten ist dies nicht erforderlich)
1 EL Olivenöl
400 g Rinderhackfleisch
2 Knoblauchzehen, gehackt
1 Zwiebel, gehackt
1 Möhre, klein geschnitten
1 kleine Handvoll Petersilie, gehackt
2 EL Tomatenmark
200 ml Gemüsebrühe
1 EL Butter
100 g Parmesan, gerieben

Für die Béchamelsauce:
60 g Butter
60 g Weizenmehl
1 l warme Vollmilch
Salz und Pfeffer
1 Prise geriebene Muskatnuss

1. Den Backofen auf 180 °C (Umluft 160 °C, Gas Stufe 4) vorheizen.
2. Das Öl in einer Pfanne erhitzen und das Hackfleisch unter Rühren krümelig anbraten. Knoblauch, Zwiebel, Möhre und Petersilie hinzufügen und das Ganze etwa 2 Minuten bei starker Hitze braten. Das Tomatenmark einrühren und ebenfalls kurz anbraten.
3. Die Brühe angießen, aufkochen lassen und die Sauce dann 30 Minuten bei geringer Hitze köcheln lassen.
4. Inzwischen die Béchamelsauce zubereiten. Dazu die Butter in einer Kasserolle erhitzen, bis sie zu schäumen beginnt. Das Mehl hinzufügen und so lange rühren, bis die Mischung (jetzt eine Einbrenne) eine feste, glatte Konsistenz hat. Das dauert einige Minuten. Die Einbrenne darf nicht anhängen oder anbrennen und sollte nur leicht goldgelb werden.
5. Die Kasserolle vom Herd nehmen und nach und nach die Milch einrühren. Dabei darauf achten, dass sich keine Klümpchen bilden.
6. Den Topf wieder auf den Herd stellen, die Sauce mit Salz, Pfeffer und Muskat abschmecken und etwa 5 Minuten unter Rühren kochen lassen. Anschließend vom Herd nehmen und beiseitestellen.
7. Eine Auflaufform einfetten und den Boden mit Lasagneblättern auslegen. Dann zunächst eine Schicht Fleischsauce und danach eine Schicht Béchamelsauce darauf verteilen. Den Vorgang so lange wiederholen, bis die Zutaten aufgebraucht sind. Den Abschluss sollte eine Schicht Béchamelsauce bilden.
8. Die Lasagne mit Parmesan bestreuen und 30 Minuten goldbraun backen.

Bucatini all'amatriciana

Diese pikante Sauce mit Speck stammt nicht, wie man früher glaubte, aus Rom, sondern aus der in den Bergen an der Grenze zwischen Latium und den Abruzzen gelegenen Stadt Amatrice. Die Schäfer, die dort lebten, verwendeten für ihre Pastasauce Zutaten, die möglichst lange haltbar waren und die sie auf ihre langen Wanderungen mitnehmen konnten: Hartkäse aus Schafsmilch, Chilischoten und Dörrfleisch. Das klassische Rezept (das vom Rat der Stadt sogar schriftlich niedergelegt wurde) wird mit Guanciale – Schweinebacken – zubereitet. Ersatzweise eignet sich aber auch Pancetta sehr gut, selbst wenn Puristen einwenden würden, dass dies keine echte Amatriciana mehr sei. Zwiebel und Knoblauch haben in dieser Sauce ebenfalls nichts zu suchen. Die Amatriciana passt am besten zu Bucatini, Spaghetti und Vermicelli.

400 g Bucatini
200 g durchwachsener Speck oder Schweinebauch (vorzugsweise italienische Guanciale oder Pancetta), gewürfelt
2 EL Olivenöl
1 getrocknete Chilischote (Peperoncino), zerkrümelt
500 g Tomaten, entkernt und gewürfelt
Salz
50 g Parmesan, gerieben
50 g Pecorino, gerieben

1. Den Speck ohne Fett in der Pfanne knusprig braten. Das Fett abgießen und 2 Esslöffel Olivenöl in die Pfanne geben.
2. Die Chilischote und die Tomaten hinzufügen und das Ganze zu einer dicken Sauce einkochen lassen.
3. Die Bucatini in reichlich kochendem Salzwasser al dente garen.
4. Die Nudeln abgießen und mit der Tomatensauce vermengen.
5. Auf tiefe Teller verteilen, mit dem geriebenen Käse bestreuen und sofort servieren.

Warenkunde

Olivenöl

Lange Reihen knorriger Bäume mit graugrünen Blättern inmitten einer sanften, hügeligen Landschaft – so stellen wir uns Italien vor. Tatsächlich gehören Olivenhaine nahezu überall in Italien zum Landschaftsbild. Ist das Land doch nach Spanien der weltweit zweitgrößte Produzent von Olivenöl.

Eine Olivenernte ist ein faszinierendes Erlebnis. Die Früchte werden zum größten Teil noch immer von Hand gepflückt, denn es ist relativ schwierig, die Oliven maschinell zu pflücken, ohne dass sie beschädigt werden. Oliven müssen geerntet werden, bevor sie voll ausgereift sind. Das Öl ist dann zwar von besonders guter Qualität, das Pflücken gestaltet sich allerdings nicht ganz einfach, da sich unreife Oliven nur schwer von den Zweigen lösen lassen. Überdies dürfen die Oliven dabei keine Flecken bekommen, weil dies den Geschmack des Öls beeinträchtigen würde. Deshalb breitet man bei der Ernte Netze unter den Bäumen aus und ‚harkt' die Früchte vorsichtig von den Zweigen. Nach der Ernte werden die Oliven gepresst und so schnell wie möglich zu Öl verarbeitet.

Vergine und vierge

In italienischen Haushalten wird Olivenöl Jahr für Jahr literweise verbraucht. Man hat immer wenigstens zwei Sorten im Haus: ein gutes natives Olivenöl (vergine oder extra vergine) und ein ‚normales' Olivenöl. Beide Sorten werden zwar aus der gleichen Frucht gewonnen, dennoch gibt es gewisse Unterschiede. Die Bezeichnung ‚vergine' (oder vierge, wie die Franzosen sagen) sagt etwas über das Herstellungsverfahren aus. Natives Olivenöl stammt aus der ersten ‚Kalt'-Pressung. Danach wird die Fruchtmasse erhitzt und noch einmal gepresst. Mithilfe von Zentrifugen kann man das Öl heute zwar bereits bei der ersten Pressung fast vollständig aus den Oliven herauspressen, die Bezeichnung vergine beziehungsweise extra vergine ist jedoch als Qualitätsbezeichnung geblieben.

Bei nativem Olivenöl, das die Bezeichnung extra vergine trägt, darf der Anteil an freien Fettsäuren bei maximal einem Prozent liegen. Dieses ist das reinste und aromatischste Olivenöl. Bei nativem Öl mit der Bezeichnung vergine liegt der Fettsäureanteil bei unter zwei Prozent. Zusammen machen diese beiden unraffinierten Öle etwa zehn Prozent der Gesamtproduktion aus. Der Rest sind Öle, die raffiniert wurden, um den hohen Fettsäuregehalt zu reduzieren oder um Verunreinigungen zu eliminieren. Durch das Raffinieren verliert das Öl an Geschmack und Aroma, hat aber auch einen Vorzug: Es lässt sich stärker erhitzen und eignet sich deshalb besser zum Kochen. Natives Olivenöl sollte nicht erhitzt werden, weil es dabei sein feines Aroma einbüßt. Es eignet sich am besten für Dressings und Dips. Ein natives Öl zum Braten zu verwenden wäre ein Frevel.

Pfeffrig oder fruchtig

Ein gutes Olivenöl zeichnet sich durch sein feines Aroma aus, das unter anderem von der Olivensorte, der Reife der Frucht und der Herstellungsart abhängt. Toskanisches Olivenöl hat häufig eine pfeffrige Note, während ligurisches Öl besonders mild und fruchtig ist, und sizilianisches Olivenöl erkennt man an seinem vollen, nussigen Geschmack.

ⓥ Spaghetti con aglio e olio

Dieses römische Rezept ist der beste Beweis dafür, dass eine gute Pasta auch ohne große Extras auskommt. Es schmeckt einfach köstlich, auch wenn es aus nichts anderem als aus Spaghetti, Knoblauch und Olivenöl besteht. Eine Variante sind die *Spaghetti con aglio, olio e peperoncino*. Die Chilischoten, die dem Gericht etwas Schärfe verleihen, werden hier zusammen mit dem Knoblauch kurz angebraten (und vor dem Servieren wieder herausgenommen). *Spaghetti con aglio e olio* isst man ohne Käse.

400 g Spaghetti
10 Knoblauchzehen, in dünne Scheiben geschnitten
2 EL Olivenöl
Salz

1. Die Spaghetti in reichlich kochendem Salzwasser al dente garen.
2. In der Zwischenzeit das Öl in einer Pfanne erhitzen und den Knoblauch bei geringer Hitze etwa 2 Minuten goldbraun anbraten.
3. Die Spaghetti abgießen und mit dem Knoblauch vermengen. Sofort servieren.

Ein Rezept gegen Kater

Haben sie am Abend mal etwas zu tief ins Weinglas geschaut, schwören viele Italiener auf einen großen Teller *Spaghetti con aglio, olio e peperoncino* (Spaghetti mit Knoblauch, Öl und Chili) als Mittel gegen den Kater. Die Kohlenhydrate sollen angeblich den Alkoholabbau im Körper fördern. Und das Öl, das sich wie ein Film auf die Magenwand legt, soll das Sodbrennen lindern. Und gegen die Kopfschmerzen sollen der Knoblauch und die Chilischote helfen. Probieren Sie es einmal aus.

Fettuccine all'Alfredo

Der Alfredo, der dieses köstliche, einfache Pastagericht unsterblich gemacht hat, hieß mit vollem Namen Alfredo di Lelio und besaß in den 1920er-Jahren ein Restaurant in Rom. Einer der vielen Legenden zufolge, die sich um dieses Gericht – eine Variante der *Fettuccini al burro* (mit Butter) – ranken, soll er das Gericht für seine schwangere Frau zubereitet haben, die an Appetitlosigkeit litt. Vor allem die viele Butter – Alfredo verwendete noch mehr davon als im Originalrezept verlangt – machte das Gericht besonders nahrhaft (und schmackhaft). Prominenten Gästen servierte der clevere Alfredo seine Fettuccine mit einer goldenen Gabel (diesem Umstand dürfte das Gericht seine Berühmtheit vor allem verdanken). In Italien kennt man es seltsamerweise hauptsächlich unter dem Namen *Fettuccine al burro* oder *doppio burro* (mit einer doppelten Portion Butter).

400 g Fettuccine
100 g Butter
200 g Sahne oder Crème double
50 g Parmesan, gerieben, + etwas Parmesan zum Bestreuen
Salz und Pfeffer

1. Die Butter in einer großen Kasserolle zerlassen. Die Sahne hinzufügen, aufkochen lassen und das Ganze anschließend 5 Minuten bei geringer Hitze unter Rühren köcheln lassen. Den Parmesan dazugeben und so lange weiterrühren, bis eine glatte Sauce entstanden ist. Den Topf dann vom Herd nehmen.
2. Die Fettuccine in reichlich Salzwasser al dente garen.
3. Die Käsesauce noch einmal bei geringer Hitze erwärmen. Die Nudeln abgießen, mit der Sauce vermengen und mit Salz und Pfeffer abschmecken.
4. Auf Teller oder Schalen verteilen, mit frisch geriebenem Parmesan bestreuen und sofort servieren.

Minestrone

Die Grundlage dieser Suppe ist seit jeher eine gute, selbst gemachte klare Brühe. Die übrigen Zutaten variieren von Region zu Region, von Jahreszeit zu Jahreszeit, von Koch zu Koch oder je nachdem, worauf man gerade Lust hat ... Oft landen die Reste vom Vortag in der Minestrone. Daher auch der Name, denn Minestrone bedeutet so viel wie ‚Mischung'. In Kalabrien nennt man sie *millecosedde* – Suppe aus tausenderlei Zutaten. Für eine Minestrone eignet sich jede Art von Gemüse und Hülsenfrüchten. Und auch bei den Nudeln reicht die Palette von Vermicelli und kleinen Suppennudeln *(pastine)* bis zu kurzen, dicken Nudeln, wie zum Beispiel Penne. Bestreut man sie mit etwas geriebenem Käse, wird die Suppe ein wenig dicker. Oder man macht es wie in Ligurien und rührt einen Löffel Pesto hinein.

1 große Kartoffel, gewürfelt
1 Möhre, in dünne Scheiben geschnitten
1 Zwiebel, in Ringe geschnitten
1 Stange Lauch, in Ringe geschnitten
1 Knoblauchzehe, fein gehackt
3 EL Olivenöl
1,5 l Gemüsebrühe
100 g Mafaldine
100 g Erbsen
100 g Cannellini-Bohnen (aus der Dose)
2 Tomaten, in Stücke geschnitten
1 Handvoll frische Petersilie, fein gehackt
Salz und Pfeffer

1. Kartoffel, Möhre, Zwiebel, Lauch und Knoblauch einige Minuten im Öl anbraten.
2. Die Brühe angießen und das Ganze 15 Minuten köcheln lassen, bis die Zutaten ihr Aroma entfalten.
3. Nudeln, Erbsen, Bohnen, Tomaten und Petersilie dazugeben und nochmals etwa 5 Minuten köcheln lassen, bis die Nudeln gerade weich sind.
4. Mit Salz und Pfeffer abschmecken.
5. Die Minestrone auf Suppenschalen oder tiefe Teller verteilen und servieren.

Hier ein Rezept für eine leckere, schnelle Gemüsebrühe: 2 große Zwiebeln in dünne Ringe schneiden. 1 große Möhre in Stücke schneiden. ½ Bund Stangensellerie in Stücke schneiden. 1 Stängel Sellerieblätter. 1 Stange Lauch in dünne Ringe schneiden. Das Gemüse in 1 Esslöffel Olivenöl anschwitzen. 1,5 Liter Wasser angießen, aufkochen lassen und 20 Minuten bei geringer Hitze köcheln lassen. Die Brühe anschließend abseihen und mit Salz abschmecken.

„Makkaroni werden Italien vereinen, das versichere ich Ihnen!"

So die leidenschaftliche Erklärung des italienischen Nationalhelden Giuseppe Garibaldi, der im 19. Jahrhundert dafür kämpfte, aus dem zersplitterten Land eine Nation zu machen. Zu Garibaldis Zeit war Pasta die einzige Gemeinsamkeit, die die vielen unabhängigen italienischen Staaten hatten.

Spaghetti alla puttanesca

Wie mag dieses köstliche kampanische Gericht zu seinem Namen – auf Huren-Art – gekommen sein? Manche behaupten, der verführerische Duft der Sauce habe die Männer ins Bordell gelockt. Andere wiederum meinen, das Gericht verdanke seinen Namen der Tatsache, dass es so einfach ist und man es schnell mal zwischen zwei ‚Kunden' zubereiten konnte.

400 g Spaghetti
Salz
2 EL Olivenöl
2 Knoblauchzehen, in dünne Scheiben geschnitten
50 g (1 Dose) Sardellenfilets, fein gehackt
1 kg reife Tomaten, fein gehackt
100 g entsteinte schwarze Oliven
1 kleine Handvoll Petersilie, fein geschnitten
1 EL Kapern

1. Die Spaghetti in reichlich kochendem Salzwasser al dente garen.
2. Inzwischen das Öl in einer großen Kasserolle heiß werden lassen, Knoblauch und Sardellenfilets hineingeben und unter Rühren erhitzen, bis die Sardellenfilets ‚geschmolzen' sind.
3. Die Tomaten dazugeben und das Ganze bei starker Hitze zu einer dicken Sauce einkochen lassen. Dabei laufend umrühren. Die Wärmezufuhr dann verringern und Oliven, Petersilie und Kapern in die Sauce rühren.
4. Die Spaghetti abgießen und sofort mit der Sauce vermengen.
5. Auf tiefe Teller verteilen und sofort servieren.

Spaghetti alla marinara

Dies ist das klassische Beispiel eines Gerichtes, das immer wieder für Verwirrung sorgt. Handelt es sich um eine Sauce mit Muscheln und anderen Meeresfrüchten, oder ist es nur eine ganz einfache Tomatensauce? Die Bezeichnung *marinara*, die sich von *marinaro* – Seemann – ableitet, könnte darauf schließen lassen, dass sie Fisch oder Meeresfrüchte enthält. Doch weit gefehlt! Traditionell bereitet man diese Tomatensauce – und mehr ist sie nicht – in Neapel für die Seeleute zu, wenn sie von ihrer Seereise zurückkehren. Und zwar ohne Muscheln, ohne Meeresfrüchte und selbst ohne Anchovis. Die streng vegane Sauce gehört zu den wenigen Tomatensaucen, die nicht mit Käse serviert werden. In manchen Ländern versteht man unter *marinara* eine Art Nudeln mit Meeresfrüchten. Schuld daran sind die vielen italienischen Einwanderer, die kurz nach dem 2. Weltkrieg überall auf der Welt Lokale eröffneten, jedoch nur wenig von der traditionellen italienischen Küche verstanden. In ihren neuen Heimatländern bürgerte sich diese Version rasch ein und entwickelte sich dort zu einem neuen Klassiker.

400 g Spaghetti
6 EL Olivenöl
500 g reife Tomaten, enthäutet, entkernt und in Streifen geschnitten
1 kleine rote Chilischote, entkernt und fein geschnitten
2 Knoblauchzehen, in hauchdünne Scheiben geschnitten
1 EL Kapern
Salz
3 EL frisch gehackte Petersilie
100 g große schwarze Oliven, entsteint und in Ringe geschnitten

1. 1 Esslöffel Öl in einer Pfanne erhitzen und die Tomaten etwa 5 Minuten bei geringer Hitze köcheln lassen.
2. In einer großen Kasserolle 2 Esslöffel Öl erhitzen und die Chilischote mit dem Knoblauch 1 Minute unter laufendem Rühren darin anbraten.
3. Die Tomaten, das restliche Öl und die Kapern dazugeben und alles weitere 2–3 Minuten unter Rühren garen.
4. Inzwischen die Spaghetti in reichlich kochendem Salzwasser al dente garen.
5. Die Nudeln abgießen und sofort mit der Sauce, der Petersilie und den Oliven vermengen. Nochmals 1 Minute unter Rühren erhitzen, auf Teller verteilen und sofort servieren.

Warenkunde

Pesto alla genovese

In der kleinen Küstenregion Ligurien im Nordwesten Italiens gedeiht wildes Basilikum in Hülle und Fülle. Viele sind überzeugt, dass das Kraut nirgends auf der Welt so gut schmeckt wie hier. Die glänzenden grünen Blätter haben ein einzigartiges, intensives Aroma. Man sagt, das käme vom Seewind.

Die Region ist reich an Kräutern. Und von hier stammt auch die berühmteste Basilikummischung der Welt – das Pesto. Traditionell zerstößt man in Ligurien die Blätter dieses Krautes zusammen mit dem aromatischen heimischen Olivenöl, Knoblauch und Pecorino, dem köstlichen, krümeligen italienischen Schafskäse, zu einer feinen Paste. Manchmal fügt man noch Pinienkerne hinzu, die der Mischung eine wunderbar cremige Konsistenz verleihen.

Der alte Mörser

Pesto wird traditionell in einem Mörser aus Stein hergestellt, in dem man die Zutaten mit einem schweren Stößel zu einer Paste zerreibt. Daher hat es auch seinen Namen, denn *pestare* ist das italienische Wort für ‚zerstoßen'. Gewiss, in der Küchenmaschine geht das auch, aber die altmodische Zubereitungsart ist vielleicht trotzdem immer noch die beste. Denn durch das Zermahlen mit dem Stößel bekommt das Ganze eine wunderbar glatte Konsistenz, während die Zutaten in der Küchenmaschine lediglich zerkleinert werden. Bis auf den Käse und das Olivenöl werden die Zutaten zu einer feinen Paste zermahlen und zum Schluss der Käse und das Öl untergerührt, sodass eine dicke Sauce entsteht.

Hunderte von Varianten

Es gibt zahllose Varianten des echten italienischen Pestos. Beinahe jeder Koch hat sein eigenes Rezept. Am bekanntesten ist wohl das Pesto rosso aus sonnengetrockneten Tomaten. Das Basilikum wird gerne durch Rucola oder andere zarte und aromatische Kräuter oder aber durch Gemüse, wie zum Beispiel geröstete Paprikaschoten oder Auberginen, ersetzt. Gelegentlich verwendet man auch andere Käsesorten und nimmt Walnüsse oder Mandeln anstelle der Pinienkerne. Das Olivenöl kann auch durch ein Nussöl ersetzt werden.

Das berühmteste Gericht, das mit Pesto zubereitet wird, sind die *Trenette alla genovese*, schmale Bandnudeln mit Pesto, gekochten Kartoffeln und Bohnen. In Ligurien isst man die berühmte Kräuterpaste auch zu Gnocchi und rührt sie in die Minestrone. Es gibt zahllose Verwendungsmöglichkeiten. Probieren Sie Pesto doch einmal als Aufstrich auf Crostini (gerösteten Weißbrotscheiben), in einem Salat oder als Sauce zu Fleisch oder Fisch.

Eine heiße, dampfende Brühe mit Fleischknochen, frischem Gemüse und Kräutern köchelt seit Stunden leise vor sich hin und erfüllt das ganze Haus mit einem wundervollen Duft, bis sie zu einer dicken, schmackhaften Suppe eingekocht ist. Häufig serviert man sie nur mit ein paar kleinen Nudeln. Mehr braucht eine so herrliche Brühe nicht. Manchmal gibt der Koch noch ein paar Erbsen, Fleischbällchen oder klein geschnittene Hühnerleber hinein. Wie immer Sie sie servieren, die Brühe für *Pasta in brodo* muss mit Liebe zubereitet werden. Nudelsuppen spielen in der italienischen Küche eine große Rolle. In der Regel werden sie anstelle von Pastasciutta oder Pasta mit Sauce als *primo* serviert. Es gibt unzählige verschiedene Suppennudeln (*pastine*), angefangen bei Risi oder Peperini (Suppennudeln in der Form

Nudelsuppen

von Reis- beziehungsweise Pfefferkörnern) bis hin zu Miniaturversionen bekannter Pastasorten. So gibt es beispielsweise Farfallette (kleine Schmetterlinge), Orecchiettini (kleine Öhrchen), Tubetti (kleine Röhrennudeln), Conchiglietti (kleine Muschelnudeln) … Bei Kindern erfreuen sich Buchstabennudeln (Alfabetini) großer Beliebtheit. Und hin und wieder findet man auch Tortellini und Gnocchi in einer klaren Brühe.

Die Minestrone ist dicker und enthält viel frisches Gemüse, Hülsenfrüchte und die verschiedensten Pastasorten. Mit einem knusprigen Brot ergibt diese herzhafte Suppe eine vollwertige Mahlzeit, die die Energiereserven im Nu wieder auffüllt.

Die folgenden Rezepte sind für 4 Personen berechnet.

Spinatcremesuppe mit Suppennudeln

500 g Spinat, gewaschen und gehackt
100 g kleine Suppennudeln (z. B. Farfalline oder Stelline)
1 l Gemüsebrühe
2 EL Sahne
Salz
Vollkornbrot

1. Die Brühe zum Kochen bringen.
2. Die Nudeln in der Brühe al dente kochen, anschließend mit dem Schaumlöffel oder einem Sieb aus dem Topf heben, kurz unter fließendem kaltem Wasser abschrecken und beiseitestellen.
3. Den Spinat in die Brühe geben und kurz zusammenfallen lassen.
4. Die Suppe mit dem Stabmixer pürieren.
5. Die Sahne und die Nudeln einrühren, die Suppe noch einmal heiß werden lassen, auf Suppenschalen verteilen und mit Vollkornbrot servieren.

Achten Sie beim Einkauf darauf, dass der Spinat frisch ist. Verpacken Sie ihn lose in Zeitungspapier und bewahren Sie ihn im Gemüsefach des Kühlschranks auf. Spinat niemals länger als zwei Tage lagern.

Rindsbouillon mit Spaghettini und Fleischbällchen

1 l Rindsbouillon
100 g Spaghettini
250 g Rinderhackfleisch
100 g Parmesan, grob gerieben
1 Ei
1 EL Paniermehl
Salz und Pfeffer
1 kleine Handvoll Petersilie, fein geschnitten

1. Für die Fleischbällchen das Hackfleisch mit der Hälfte des Parmesans, Ei, Paniermehl und etwas Salz und Pfeffer vermengen und kleine Bällchen aus dem Teig formen.
2. Die Brühe aufkochen, die Spaghettini und die Fleischbällchen hineingeben und 4–5 Minuten bei geringer Hitze köcheln lassen, bis die Fleischbällchen durchgegart und die Nudeln al dente sind.
3. Die Suppe auf 4 tiefe Teller verteilen, mit dem restlichen Parmesan und der Petersilie bestreuen und sofort servieren.

Fleischbällchen lassen sich leichter formen, wenn man die Hände vorher anfeuchtet.

Frische Tomatensuppe mit Orecchiette

1 kg reife Tomaten, entkernt und gewürfelt
100 g Orecchiette
1 EL Olivenöl
1 kleine Zwiebel, fein geschnitten
1 Stange Sellerie, in dünne Scheiben geschnitten
1 Knoblauchzehe, geschält
1 l Gemüsebrühe
Ciabatta

1. Das Öl in einer Pfanne erhitzen und Zwiebel, Sellerie und Knoblauch darin anschwitzen, bis die Zwiebel glasig ist.
2. Die Tomaten hinzufügen und einige Minuten unter Rühren mitbraten.
3. Die Brühe angießen, aufkochen lassen und die Suppe etwa 20 Minuten bei geringer Hitze im offenen Topf köcheln lassen.
4. Die Suppe mit dem Stabmixer oder in der Küchenmaschine pürieren, durch ein Sieb passieren und noch einmal aufkochen lassen.
5. Die Orecchiette in die Suppe geben und einige Minuten bei geringer Hitze al dente garen. Mit Ciabatta servieren.

Wie die Kartoffel, die Chilischote, der Mais und der Tabak war auch die Tomate ursprünglich in Südamerika beheimatet. Sie gehört zur Familie der Nachtschattengewächse und genoss in früheren Zeiten keinen guten Ruf. Enthalten die grünen Teile der Pflanze doch giftige Alkaloide, die in größeren Mengen tödlich wirken können. In Europa benutzte man die Tomate anfangs als Zierpflanze. Als Gemüse wurde sie erstmals in Italien kultiviert. Diese ersten Speisetomaten waren klein und gelb, weshalb man sie ‚Goldapfel' – *pomo d'oro* – nannte. In Italien heißt die Tomate noch heute so. Die beiden Wörter sind inzwischen allerdings zu einem Wort – *pomodoro* – verschmolzen.

Rindsbouillon mit Erbsen und Pappardelle

1 l Rindsbouillon
500 g Erbsen (tiefgekühlt)
200 g Pappardelle
1 EL Olivenöl
1 Zwiebel, gehackt
1 Stange Sellerie, in dünne Scheiben geschnitten
1 Knoblauchzehe, fein geschnitten
1 EL Tomatenmark
100 g Pancetta, in Würfel geschnitten
1 kleine Handvoll Petersilie, fein geschnitten

1. Das Öl in einem großen Topf erhitzen und Zwiebel, Sellerie und Knoblauch darin anschwitzen, bis die Zwiebel glasig ist. Das Tomatenpüree einrühren und das Ganze ein paar Sekunden braten.
2. Die Bouillon angießen und aufkochen lassen.
3. Die Pappardelle in die Brühe geben und al dente kochen.
4. 3 Minuten bevor die Nudeln gar sind, Erbsen, Pancetta und Petersilie hinzufügen.
5. Die Bouillon auf Suppenschalen verteilen und sofort servieren.

Ⓥ Gemüsesuppe mit Tortellini

1 l Gemüsebrühe
100 g grüne Bohnen, klein geschnitten
1 kleine Möhre, in Stücke geschnitten
1 Stange Sellerie, in dünne Scheiben geschnitten
1 Fleischtomate, entkernt und gewürfelt
100 g Brokkoli, in kleine Röschen zerteilt
1 kleine Handvoll Sellerieblätter, fein geschnitten
250 g Tortellini mit Käsefüllung (selbst gemachte oder frische gekaufte Tortellini)
Salz und Pfeffer

1. Die Brühe aufkochen. Bohnen, Möhre und Sellerie hineingeben.
2. 5 Minuten kochen lassen. Anschließend Tomate, Brokkoli, die Sellerieblätter und die Tortellini dazugeben. Die Suppe etwa 2 Minuten erhitzen, bis die Tortellini al dente sind.
3. Die Suppe auf Suppenschalen verteilen und sofort servieren.

Tortellini in Rotweinbouillon

200 g Tortellini mit Fleischfüllung
100 ml Rotwein
900 ml Hühnerbrühe
1 EL Olivenöl
1 Zwiebel, fein geschnitten
2 Knoblauchzehen, fein geschnitten
1 EL Zucker
1 Möhre, in dünne Scheiben geschnitten
1 Stange Lauch, der Länge nach halbiert und in Ringe geschnitten
1 Stange Sellerie, in Scheiben geschnitten
100 g Parmesan
1 kleine Handvoll frischer Oregano, in Streifen geschnitten
1 Bund Schnittlauch, in Röllchen geschnitten

1. Das Öl in einem Topf erhitzen und die Zwiebel mit dem Knoblauch 1 Minute darin anschwitzen.
2. Den Zucker darüberstreuen und das Ganze etwa 5 Minuten bei geringer Hitze köcheln lassen, bis die Zwiebel karamellisiert ist. Dabei häufig umrühren.
3. Rotwein, Hühnerbrühe, das Gemüse und die Tortellini dazugeben und etwa 6 Minuten bei geringer Hitze köcheln lassen, bis die Tortellini al dente sind.
4. Die Suppe auf Schalen verteilen, mit den Kräutern bestreuen und den Parmesan darüberhobeln.

Buchstabensuppe mit Meeresfrüchten

200 g Buchstabennudeln
250 g Fischfilet (Tilapia oder ein anderer fester Weißfisch), in mundgerechte Stücke zerteilt
200 g Garnelen, gegart
200 g Miesmuscheln, gegart
1 EL Olivenöl
1 Zwiebel, fein geschnitten
3 Knoblauchzehen, fein geschnitten
1 Stange Sellerie, in kleine Stücke geschnitten
1 Möhre, in kleine Stücke geschnitten
1 Stange Lauch, der Länge nach halbiert und in Ringe geschnitten
1 Handvoll frische Petersilie, fein geschnitten
500 ml Fischbrühe
500 ml trockener Weißwein

1. Das Öl in einem Topf erhitzen und die Zwiebel mit dem Knoblauch 1 Minute darin anschwitzen. Das Gemüse und die Petersilie dazugeben und das Ganze 1 Minute unter Rühren kochen lassen.
2. Die Brühe und den Wein angießen und aufkochen lassen. Die Nudeln einrühren und die Suppe 5 Minuten bei geringer Wärmezufuhr erhitzen, bis die Zutaten ihr Aroma entfalten.
3. Das Fischfilet hinzufügen und etwa 5 Minuten garen. Anschließend die Garnelen und die Muscheln dazugeben und heiß werden lassen.
4. Sobald die Nudeln weich sind, die Suppe auf Suppenschalen verteilen und servieren.

Angenehm süßlich im Geschmack, preiswert und zu jeder Jahreszeit erhältlich. Was täten wir ohne die Möhre? Die Süße sitzt zum größten Teil direkt unter der Schale. Deshalb sollte man Möhren lediglich schaben oder die Schale vorsichtig mit einem Sparschäler entfernen.

Minestrone mit Steinpilzen und Hähnchenfilet

100 g getrocknete Steinpilze, 1 Stunde in lauwarmem Wasser eingeweicht
2 Hähnchenfilets, klein geschnitten
1 l Hühnerbrühe
200 g Pipe rigate
2 Möhren, in dünne Scheiben geschnitten
200 g grüne Bohnen
Baguette

1. Die Steinpilze durch ein Sieb abseihen. Dabei die Flüssigkeit möglichst vollständig herauspressen. Das Einweichwasser auffangen.
2. Das Steinpilzwasser mit der Hühnerbrühe aufkochen. Die Nudeln hineingeben, erneut aufkochen lassen und die Wärmezufuhr dann verringern, sodass die Brühe nur noch köchelt.
3. 5 Minuten bevor die Nudeln al dente sind (Packungsanweisung beachten), die Möhren und die Bohnen dazugeben.
4. Das Ganze 2 Minuten kochen lassen. Das Fleisch hinzufügen und die Suppe köcheln lassen, bis das Fleisch gar ist und die Nudeln al dente sind.
5. Die Suppe auf tiefe Teller verteilen und mit Baguette servieren.

Getrocknete Steinpilze (*funghi porcini*) sind aus der italienischen Küche nicht wegzudenken, und schon kleine Mengen reichen aus, um den Speisen eine besondere Note zu verleihen.

Kohlsuppe mit Pesto

1 kleiner Spitz- oder Weißkohl, in Streifen geschnitten
3 EL Pesto (siehe Rezept Seite 82)
2 EL Olivenöl
1 Stange Lauch, in Ringe geschnitten
2 Knoblauchzehen, durchgepresst
2 Kartoffeln, geschält und gewürfelt
1 l Gemüsebrühe
100 g Gramigna
geröstete Baguettescheiben

1. Das Öl in einem großen Topf erhitzen und Lauch, Knoblauch und Kartoffeln etwa 1 Minute unter Rühren darin anbraten, ohne dass sie Farbe annehmen.
2. Die Brühe angießen und aufkochen lassen. Die Nudeln hineingeben und einige Minuten bei geringer Hitze köcheln lassen.
3. Den Kohl hinzufügen, das Pesto einrühren und die Suppe noch 1 Minute kochen lassen, bis die Nudeln al dente sind.
4. Mit gerösteten Baguettescheiben servieren.

Dieses Rezept verlangt nach einem besonderen Kohl. Der Spitzkohl, auch Spitzkraut genannt, ist milder und zarter als Weiß- oder Rotkohl und eignet sich auch hervorragend für Salate. Die harten äußeren Blätter und den Strunk entfernen, den Kohl waschen und in Streifen schneiden.

Ⓥ Röstgemüsesuppe mit Pipe rigate

500 g Tomaten, halbiert
1 rote Paprikaschote, in große Stücke geschnitten
1 große rote Zwiebel, in große Stücke geschnitten
1 rote Chilischote, der Länge nach halbiert und entkernt
½ Möhre
2 Knoblauchzehen, geschält
1 EL Olivenöl
1 l Gemüsebrühe
100 g Pipe rigate
1 kleine Handvoll Basilikum, fein gehackt

1. Den Backofen auf 200 °C (Umluft 180 °C, Gas Stufe 6) vorheizen.
2. Das Gemüse in eine Auflaufform schichten (die Stücke sollten nicht übereinanderliegen), mit dem Öl beträufeln und 30 Minuten im Backofen rösten. Nach der Hälfte der Zeit wenden.
3. Das Gemüse anschließend in der Küchenmaschine oder mit dem Stabmixer pürieren und danach durch ein Sieb passieren.
4. Die Brühe in einen Topf gießen, das Gemüsepüree einrühren und aufkochen lassen.
5. Die Nudeln hineingeben und bei geringer Hitze al dente garen.
6. Das Basilikum einrühren und die Suppe warm servieren.

Hühnerbrühe mit ‚Engelshaar'

1 l Hühnerbrühe
100 g Capelli d'angelo (sehr lange, dünne Fadennudeln)
1 Zwiebel, gehackt
1 weißer Lauchschaft, der Länge nach halbiert und in Ringe geschnitten
1 kleine Handvoll Sellerieblätter, fein gehackt
200 g gekochtes Hähnchenfleisch, klein geschnitten

1. Die Brühe aufkochen und die Nudeln mit Zwiebel, Lauch und Sellerieblättern einige Minuten bei geringer Hitze darin köcheln lassen. Dabei gelegentlich umrühren.
2. Das Fleisch dazugeben, heiß werden lassen und die Suppe in kleinen Schüsseln servieren.

Der Lauch *(allium porrum)* gehört wie der Knoblauch (der Ackerknoblauch ist eigentlich eine Lauchart) zur Familie der Zwiebelgewächse und ist je nach Jahreszeit in verschiedenen Sorten erhältlich. Sommerlauch ist zarter und heller als Herbst- und Winterlauch. Beim Anbau versucht man, die Pflanzen weitgehend unter der Erde zu ziehen, damit der Lauch möglichst lange weiße Schäfte – der Teil der Pflanze, der in der Küche vor allem Verwendung findet – bekommt.

Pilzsuppe mit Muschelnudeln

250 g gemischte Pilze (Zuchtchampignons, Steinpilze, Pfifferlinge etc.), mit einer weichen Bürste gesäubert
200 g Muschelnudeln (Conchiglie rigate)
1 l Gemüse- oder Pilzbrühe
100 ml trockener Sherry
1 kleine Handvoll Petersilie, fein geschnitten
geröstete Baguettescheiben

1. Die Brühe aufkochen und den Sherry hinzufügen.
2. Inzwischen die Stiele der Pilze abschneiden.
3. Die Pilzstiele etwa 5 Minuten bei geringer Hitze in der Brühe köcheln lassen.
4. Die Suppe durch ein Sieb gießen und erneut aufkochen lassen.
5. Die Nudeln in der Suppe al dente garen.
6. Einige Minuten bevor die Nudeln gar sind, die Pilzköpfe und die Petersilie hinzufügen.
7. Die Suppe auf tiefe Teller verteilen und mit den gerösteten Baguettescheiben servieren.

Im Gemüsefach des Kühlschranks halten sich frische Pilze ein paar Tage. Pilze niemals in Plastikbeuteln aufbewahren, sondern in trockene Geschirrtücher oder in Küchenpapier einschlagen, denn ohne Luftzufuhr verderben sie sehr schnell.

Warenkunde

Frische Kräuter

Kräuter gedeihen überall in Italien. Mit ihrem einzigartigen Aroma, ihrem Geschmack und ihrer Farbe verleihen sie jedem Gericht eine besondere Note. Und das gilt natürlich auch für Pasta.

Petersilie *(prezzemolo)* Frische Petersilie darf in vielen Pastagerichten nicht fehlen. Häufig bestreut man die Speisen vor dem Servieren mit frisch gehackter Petersilie, um ihnen Farbe und einen frischen Geschmack zu verleihen. Auch die Stiele sollte man nicht wegwerfen, denn sie eignen sich hervorragend zum Verfeinern von Saucen. In Italien bevorzugt man glatte Petersilie. Sie hat einen pikanteren Geschmack, und die Blätter sind dicker als die der krausen Petersilie.

Lorbeer *(alloro)* Die aromatischen Blätter lässt man gerne in Saucen mitkochen, die länger gekocht werden müssen. Lorbeerblätter eignen sich hervorragend zum Verfeinern von Fleischsaucen wie zum Beispiel dem *Ragù alla bolognese* und sind am aromatischsten, wenn sie frisch sind. Italienische Gärten haben oft ein ganzes Wäldchen von Lorbeerbäumen. Wenn Sie keine frischen Lorbeerblätter bekommen, tun es natürlich auch getrocknete.

Rosmarin *(rosmarino)* Das pikante Kraut verwendet man in der Regel für Fleischgerichte und Braten. In Pastasaucen findet es seltener Verwendung. Manchmal lässt man Rosmarinzweige, ähnlich wie Lorbeerblätter, in Eintöpfen mitkochen und entfernt sie vor dem Servieren. Die zarten jungen Blätter kann man fein hacken und damit Tomaten- oder Kräutersaucen verfeinern.

Salbei *(salvia)* *Burro e salvia* ist eine klassische, superschnelle und schmackhafte Sauce, die man gerne zu Gnocchi und Ravioli mit Ricottafüllung serviert. Es handelt sich dabei um nichts anderes als zerlassene Butter, in der man Salbeiblätter ziehen lässt.

Oregano *(origano)* Oregano ist eigentlich das einzige Kraut, das man ebenso häufig frisch wie in getrockneter Form verwendet. Er ist ein beliebtes Pizzagewürz, aber auch Pastasaucen mit geröstetem Gemüse und Tomatensaucen werden gerne damit verfeinert.

Rauke *(rucola)* Die pikanten Rucolablätter mit dem nussigen Geschmack dürfen nicht erhitzt werden, da sie beim Kochen schnell ihren Geschmack und ihr Aroma verlieren. Rucola wird gerne anstelle von Basilikum für Pestos verwendet.

Basilikum *(basilico)* Basilikum ist aus der italienischen Küche nicht wegzudenken. Berühmt ist das Kraut vor allem als Hauptzutat im *Pesto alla genovese*, man findet es aber auch in unzähligen anderen Pastagerichten. Wie Petersilie streut man es gewöhnlich unmittelbar vor dem Servieren über die Speisen, es kann aber auch – allerdings nur sehr kurz – mitgekocht werden, denn es verliert schnell sein Aroma, wenn es zu sehr erhitzt wird. Und nach Möglichkeit kein getrocknetes Basilikum verwenden, denn es schmeckt in aller Regel nach gar nichts und hat nichts mehr mit diesem aromatischsten aller Kräuter gemein.

Pasta alle erbe

1 klein geschnittene Zwiebel und etwas Knoblauch in wenig Butter anbraten. 1 kleine Handvoll jeder der oben beschriebenen Kräuter hinzufügen (bis auf das Lorbeerblatt fein gehackt) und kurz erhitzen. 1 kräftigen Schuss Weißwein dazugeben und das Ganze einige Minuten köcheln lassen. Ein wenig Brühe hinzufügen und die Sauce noch etwas kochen lassen. Den Topf vom Herd nehmen, das Lorbeerblatt entfernen und die Sauce mit frischen Eiernudeln vermengen.

Pasta wird in Italien als eigener Gang vor dem Hauptgericht serviert. Der Koch ist deshalb bestrebt, aus einfachen Zutaten ein schmackhaftes Pastagericht zuzubereiten, das man als eigenen Gang servieren kann. Und das ist auch der Grund, weshalb es so viele herrliche vegetarische Pastakreationen gibt, die kinderleicht zuzubereiten sind. Fleisch wird gewöhnlich erst als Hauptgang serviert. Bei einem

Pasta mit Gemüse & frischen Kräutern

Alltagsessen verzichtet man in der Regel auf teure Zutaten, und ihre Auswahl beschränkt sich auf wenige einfache Dinge. Eine einfache, frisch zubereitete Tomatensauce mit Kräutern, etwas in Olivenöl angebratenes Gemüse, eine Handvoll guter Käse oder Oliven – und schon hat man einen außerordentlich schmackhaften *primo*. Pasta ist auch ohne Fleisch oder Fisch so köstlich und nahrhaft, dass sie sich als moderner vegetarischer Hauptgang großer Beliebtheit erfreut. Dabei gilt es allerdings, eine wichtige Faustregel zu beachten: Je weniger Zutaten, desto besser muss deren Qualität sein. Nutzen Sie also die Zeit, die Sie beim Kochen einsparen, um nach reifen Eiertomaten, frischem Gemüse (möglichst aus biologischem Anbau), einem gut ausgereiften Käse und nach einem guten Olivenöl Ausschau zu halten.

ⓥ Lasagnette mit Kirschtomaten und Knoblauch

400 g Lasagnette
500 g Kirschtomaten, halbiert
16 Knoblauchzehen, halbiert
8 EL Olivenöl
Salz und Pfeffer

1. Den Backofen auf 180 °C (Umluft 160 °C, Gas Stufe 4) vorheizen.
2. Die Tomaten mit dem Knoblauch in eine Auflaufform schichten, mit dem Olivenöl beträufeln, mit Salz und Pfeffer bestreuen und etwa 25 Minuten im Backofen rösten.
3. Wenn die Tomaten und der Knoblauch fast weich sind, die Lasagnette in reichlich kochendem Salzwasser al dente garen.
4. Die Nudeln abgießen und mit den Tomaten, dem Knoblauch und der Garflüssigkeit vermengen. Auf 4 tiefe Teller verteilen und sofort servieren.

ⓥ Tagliatelle mit Petersilien-Zitronen-Öl

400 g Tagliatelle
Salz
1 kleine Handvoll Petersilie, fein geschnitten
Saft und abgeriebene Schale von 1 unbehandelten Zitrone
4 EL Olivenöl
Meersalz und schwarzer Pfeffer
4 EL Pinienkerne, bei sehr geringer Hitze ohne Fett in der Pfanne geröstet

1. Die Tagliatelle in reichlich kochendem Salzwasser al dente garen.
2. Inzwischen die Petersilie, die Zitronenschale, den Zitronensaft und das Olivenöl mit einem Stabmixer pürieren und mit Meersalz und schwarzem Pfeffer abschmecken.
3. Die Tagliatelle abgießen und mit dem Petersilien-Zitronen-Öl und den Pinienkernen vermengen.
4. Auf Teller verteilen und sofort servieren.

Im Backofen geröstet wird Knoblauch wunderbar zart und süß und lässt sich sogar verstreichen: Eine ganze Knolle eine halbe Stunde bei mittlerer Hitze im Backofen rösten, anschließend herausnehmen und in der Mitte durchschneiden. Die Knoblauchpaste mit einem Buttermesser herausschaben und zum Bestreichen von Bruschetta oder Ähnlichem verwenden.

Bunte Fusilli mit Zucchiniblüten

400 g Fusilli tricolore
6 kleine Zucchini mit Blüten
200 ml Gemüsebrühe
100 ml trockener Weißwein
200 g Sahne
100 g sonnengetrocknete Tomaten, in dünne Scheiben geschnitten
1 EL Olivenöl
1 Knoblauchzehe, fein geschnitten
Salz

1. Die Gemüsebrühe mit dem Weißwein und der Sahne bei geringer Hitze um die Hälfte reduzieren. In den letzten 2 Minuten die getrockneten Tomaten dazugeben.
2. Die Sauce mit dem Stabmixer pürieren.
3. Die Zucchiniblüten in breite, die Zucchini in schmale Streifen schneiden.
4. Das Öl in einer Pfanne erhitzen und die Zucchinistreifen mit dem Knoblauch darin weich braten. Die Zucchini in die Sauce geben. Anschließend vorsichtig die Zucchiniblüten unterheben. Einige Blüten zum Garnieren beiseitelegen.
5. Die Nudeln in reichlich kochendem Salzwasser al dente garen, abgießen und mit der Sauce vermengen.
6. Auf Teller verteilen, mit den restlichen Zucchiniblüten garnieren und sofort servieren.

Spaghetti mit Oliven, Tomaten und Rucola

400 g Spaghetti
Salz
50 g entsteinte grüne Oliven
50 g entsteinte schwarze Oliven
4 Tomaten, gesechstelt
50 g Rucola, grob gehackt
1 kleine Handvoll frischer Oregano, fein gehackt
1 kleine Handvoll frisches Basilikum, fein gehackt
2 EL Balsamicoessig
2 EL Olivenöl
Meersalz und frisch gemahlener schwarzer Pfeffer

1. Die Spaghetti in reichlich kochendem Salzwasser al dente garen.
2. Inzwischen Oliven, Tomaten, Rucola, Oregano und Basilikum miteinander vermengen, mit Balsamicoessig und Olivenöl beträufeln, mit Meersalz bestreuen und mit Pfeffer übermahlen.
3. Die Spaghetti abgießen, auf Tellern anrichten, das Gemüse darauf verteilen und lauwarm servieren.

Spaghetti mit selbst gemachter Tomatensauce

400 g Spaghetti
500 g reife Tomaten, entkernt und gewürfelt (einige Scheiben zum Garnieren aufheben)
1 EL Olivenöl
1 große Zwiebel, fein geschnitten
1 Knoblauchzehe, fein geschnitten
1 Möhre, klein geschnitten
1 Stange Sellerie, klein geschnitten
1 kleine Handvoll Petersilie (+ etwas Petersilie zum Garnieren), fein gehackt
2 EL Tomatenmark
Salz und Pfeffer
50 g Parmesan, in Späne gehobelt

1. Das Öl in einem Topf erhitzen und die Zwiebel mit dem Knoblauch anschwitzen. Möhre, Sellerie und Petersilie dazugeben und 1 Minute weiterbraten.
2. Das Tomatenmark einrühren, die Tomaten hinzufügen und das Ganze 5 Minuten kochen lassen. Mit Salz und Pfeffer abschmecken und die Sauce 30 Minuten bei geringer Hitze köcheln lassen. Dabei gelegentlich umrühren.
3. Kurz bevor die Sauce fertig ist, die Spaghetti in reichlich kochendem Salzwasser al dente garen.
4. Die Spaghetti abgießen, auf tiefe Teller verteilen und mit der Sauce begießen. Mit Tomatenscheiben garnieren, mit den Parmesanspänen und der restlichen Petersilie bestreuen und sofort servieren.

Bei Rucola oder Rauke scheiden sich die Geister: Die einen lieben diese Blätter, die anderen hassen sie. Rucola ist eine außerordentlich schnell wachsende Pflanze und wird bereits seit Jahrhunderten im Mittelmeerraum kultiviert. Die Blätter sollten möglichst lang sein, einen angenehmen Geruch verströmen und einen pfeffrigen, leicht bitteren Geschmack haben.

Petersilie hat harntreibende Wirkung, regt die Blutzirkulation an und ist reich an Vitamin C.

Tagliatelle mit Artischockenherzen und Kapern

400 g Tagliatelle
Salz
1 Dose (400 g) Artischockenherzen, geviertelt
1 EL Kapern
1 Zucchini, klein geschnitten
1 EL Olivenöl
1 Zwiebel, gehackt
2 Knoblauchzehen, fein geschnitten
100 ml Gemüsebrühe
1 kleine Handvoll Schnittlauchröllchen
1 kleine Handvoll Petersilie, fein gehackt
1 kleine Handvoll Oregano, fein gehackt
75 g Parmesan, in Späne gehobelt

1. Die Tagliatelle in reichlich kochendem Salzwasser al dente garen.
2. Inzwischen die Zucchini 2 Minuten blanchieren, anschließend abgießen und mit dem Stabmixer pürieren.
3. Das Öl in einem Topf erhitzen und die Zwiebel mit dem Knoblauch glasig anschwitzen. Das Zucchinipüree, die Gemüsebrühe und die Kräuter dazugeben und gut umrühren. Danach die Artischockenherzen und die Kapern unterheben.
4. Die Tagliatelle abgießen und auf Schalen oder Teller verteilen. Die Sauce darübergeben, mit den Parmesanspänen bestreuen und sofort servieren.

Parmesan – wie er verwendet wird

Der Parmigiano-Reggiano lässt sich auf ganz unterschiedliche Art genießen, wobei sich drei besonders beliebte Verkostungsweisen herausgebildet haben.

Er wird gern zum Verfeinern genommen. Gerieben oder dünn gehobelt, bekommen italienische Pastagerichte, aber auch Obst- und Gemüsesalate mit diesem Käse ihre außergewöhnliche Würze und ein köstliches Aroma.

Als Zutat für Rezepte und Bestandteil kulinarischer Kreationen wird er mit anderen Zutaten häufig in der Küche verarbeitet; etwa als Füllung für frische, selbst gemachte Nudeln, aber auch für Fleisch- und Fischgerichte oder gebackene Gemüsekuchen und vieles mehr.

Er rundet als Tafelkäse, ob nun grob gehobelt und allein oder mit Brot gereicht, ein gutes Essen ab und passt dabei gut zu einem Glas Wein und etwas Obst oder Konfitüre.

Eine gute Kombination bilden ein 12 bis 18 Monate gereifter Parmigiano-Reggiano mit frischen Äpfeln, reifen Birnen oder Erdbeeren. Trockenobstsorten wie Walnüsse, Haselnüsse oder Feigen passen zu einem Parmesan, der bis zu 28 Monate gelagert ist; und ein besonders alter Aceto balsamico tradizionale lässt sich köstlich zu einem über 30 Monate gelagerten Parmesan kombinieren.

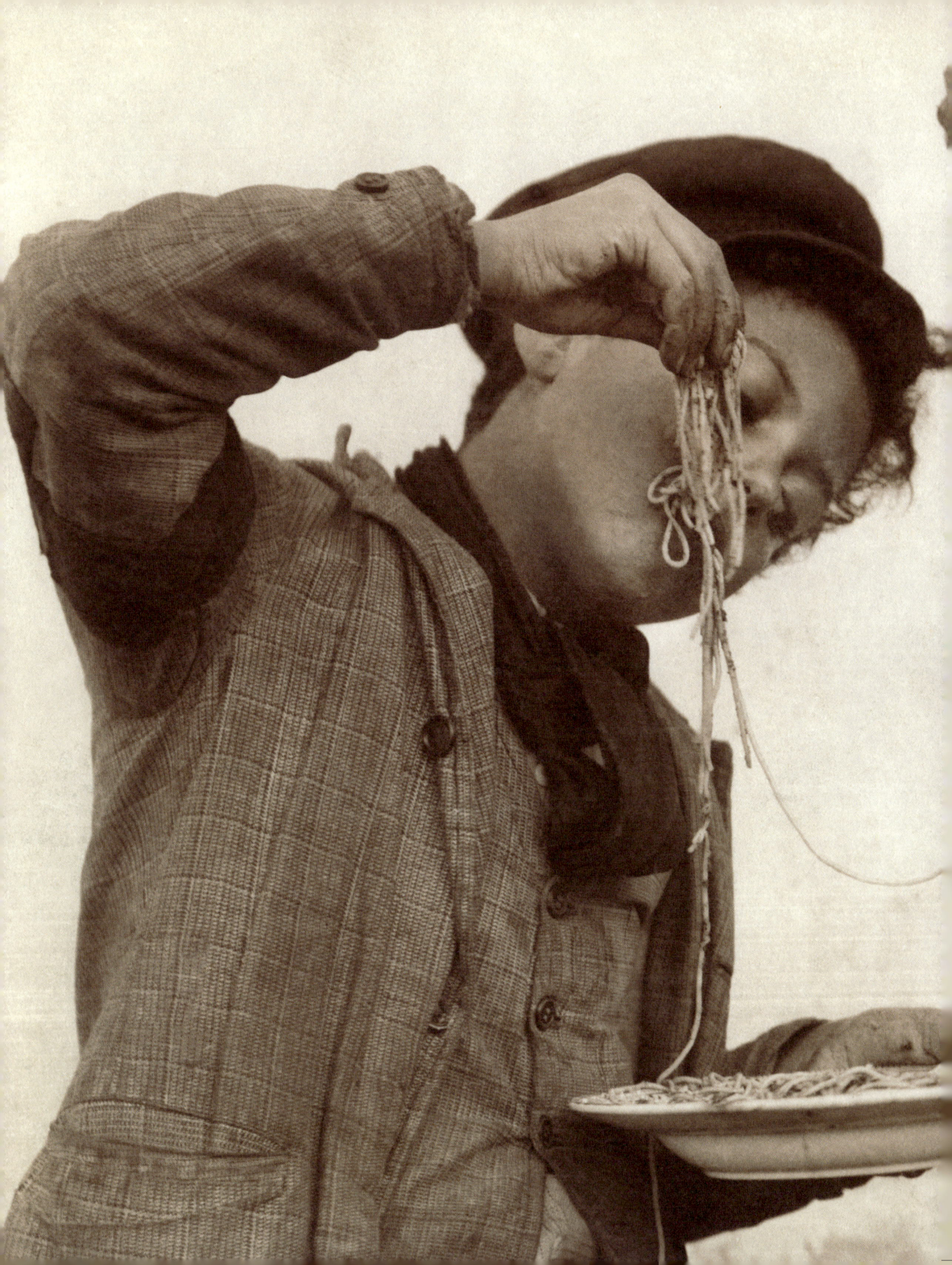

Lasagne mit Pilzen

1 Packung (500 g) Lasagneblätter, gegebenenfalls vorgekocht (bei den meisten Fertigprodukten ist dies nicht erforderlich)
1 EL Olivenöl + Öl für die Form
100 g Shiitakepilze
200 g weiße Champignons, in Scheiben geschnitten
100 g braune Champignons, in Scheiben geschnitten
100 g Austernpilze, in mundgerechte Stücke zerteilt
1 Zwiebel, gehackt
1 Knoblauchzehe, fein geschnitten
100 g Sahne
2 Eier, verquirlt
1 kleine Handvoll Petersilie, fein geschnitten
Salz und Pfeffer
100 g Parmesan, gerieben

Für die Béchamelsauce:
60 g Butter
60 g Weizenmehl
1 l warme Milch
Salz und Pfeffer
1 Messerspitze geriebene Muskatnuss

1. Den Backofen auf 180 °C (Umluft 160 °C, Gas Stufe 4) vorheizen.
2. Für die Béchamelsauce die Butter in einer Kasserolle zerlassen und so lange erhitzen, bis sie zu schäumen beginnt. Das Mehl hinzufügen und so lange rühren, bis die Mischung (jetzt eine Einbrenne) eine feste, glatte Konsistenz hat. Das dauert einige Minuten. Die Einbrenne darf nicht anhängen oder anbrennen und sollte nur leicht goldgelb sein.
3. Die Kasserolle vom Herd nehmen und nach und nach die Milch einrühren. Dabei darauf achten, dass sich keine Klümpchen bilden. Den Topf wieder auf den Herd stellen, die Sauce mit Salz, Pfeffer und etwas Muskat abschmecken und nochmals etwa 5 Minuten unter Rühren erhitzen. Den Topf dann vom Herd nehmen und beiseitestellen.
4. Das Öl in einer Pfanne erhitzen. Die Pilze und die Zwiebel bei starker Hitze anbraten. Dabei gelegentlich umrühren. Den Knoblauch hinzufügen und 1 Minute mitbraten.
5. Sahne, Eier, Petersilie und die Hälfte der Béchamelsauce unter die Pilzmischung rühren und mit Salz und Pfeffer abschmecken.
6. Den Boden einer eingefetteten Auflaufform mit Pilzsauce bedecken. Eine Schicht Lasagneblätter darauf verteilen und darauf wieder eine Schicht Sauce. Den Vorgang so lange wiederholen, bis die Zutaten aufgebraucht sind. Den Abschluss sollte eine Schicht Pilzsauce bilden. Die Lasagne mit der restlichen Béchamelsauce begießen, mit Parmesan bestreuen und im Backofen etwa 30 Minuten goldbraun backen.

Die beiden gebräuchlichsten Petersiliensorten sind die krause und die glatte Petersilie. Glatte Petersilie enthält mehr Flüssigkeit und ätherische Öle.

Pappardelle mit getrockneten Tomaten und Pinienkernen

400 g Pappardelle
4 EL getrocknete Tomaten in Öl, in Streifen geschnitten
2 EL Pinienkerne, ohne Fett bei sehr geringer Hitze in der Pfanne geröstet
Salz
2 EL Olivenöl
2 Knoblauchzehen, fein geschnitten
1 Dose (400 g) Artischockenherzen, halbiert
1 Handvoll frisches Basilikum, gehackt
100 g Parmesan, gerieben
frisch gemahlener Pfeffer

1. Die Pappardelle in reichlich kochendem Salzwasser al dente garen.
2. Inzwischen das Öl in einer großen Kasserolle erhitzen und den Knoblauch darin anschwitzen. Die Tomaten dazugeben und das Ganze nochmals 1 Minute unter Rühren braten.
3. Die Nudeln abgießen und mit den Tomaten vermengen. Artischockenherzen, Basilikum, Parmesan und Pinienkerne untermischen und mit Salz und Pfeffer abschmecken.
4. Auf Teller oder Schalen verteilen und sofort servieren.

Mit 31 Gramm Eiweiß je 100 Gramm haben Pinienkerne einen besonders hohen Eiweißgehalt gegenüber anderen Nüssen und Samen.

Perciatelli mit pikanter Tomatensauce

400 g Perciatelli (dicke Spaghetti; ersatzweise Bucatini)
1 Dose (400 g) geschälte Tomaten
3 EL Olivenöl
1 Zwiebel, fein geschnitten
1 Möhre, fein gehackt
1 Stange Sellerie, fein gehackt
2 Knoblauchzehen, geschält
1 rote Chilischote, fein geschnitten (soll die Sauce weniger scharf sein, die Samen entfernen)
2 EL frisch gehackte Kräuter (z. B. Basilikum, Petersilie, Oregano und Thymian)
Salz und Pfeffer

1. Die Tomaten grob zerkleinern und abtropfen lassen.
2. Das Öl in einer großen Kasserolle erhitzen und die Zwiebel mit der Möhre und dem Sellerie glasig anschwitzen. Den Knoblauch und die Chilischote dazugeben und das Gemüse noch 1 Minute braten lassen.
3. Die Tomaten und die Kräuter hinzufügen, die Sauce mit Salz und Pfeffer abschmecken und etwa 20 Minuten bei geringer Hitze köcheln lassen. Dabei gelegentlich umrühren.
4. Kurz bevor die Sauce fertig ist, die Nudeln in reichlich kochendem Salzwasser al dente garen.
5. Die Sauce durch ein Sieb passieren, die Nudeln abgießen und mit der Sauce vermengen.
6. Auf tiefe Teller verteilen und sofort servieren.

Früher oder später passiert das jedem einmal: Man reibt sich die Augen, ohne daran zu denken, dass man gerade Chilischoten geschnitten hat. Die brennenden Augen lassen sich vermeiden, wenn man sich die Hände vorher mit Olivenöl einreibt oder beim Schneiden einen Plastikbeutel auf die Chilischoten legt.

‚Stroh und Heu' mit rotem Pesto

200 g schmale weiße Bandnudeln (z. B. Fettuccine oder Tagliatelle)
200 g schmale grüne Bandnudeln (z. B. Fettuccine oder Tagliatelle)
Salz
75 g Pinienkerne, bei geringer Hitze ohne Fett in der Pfanne geröstet
150 g sonnengetrocknete Tomaten
4 EL Olivenöl

1. Die Nudeln in reichlich kochendem Salzwasser al dente garen.
2. Für das Pesto die Pinienkerne mit den getrockneten Tomaten im Mixer pürieren oder im Mörser zerstoßen und das Olivenöl unterrühren.
3. Die Nudeln mit dem Pesto vermischen, auf 4 Teller verteilen und sofort servieren.

Sie besitzen weder eine Küchenmaschine noch einen Mörser? Wenn Sie es sich ganz einfach machen wollen, kaufen Sie einfach ein gutes rotes Pesto und mischen es direkt aus dem Glas unter die gekochen Nudeln ... Buon appetito!

Farfalle mit grünen Bohnen und Zuckerschoten

400 g Farfalle
100 g grüne Bohnen, gewaschen und klein geschnitten
100 g Zuckerschoten, klein geschnitten
Salz
100 ml Gemüsebrühe
1 rote Chilischote, entkernt und in feine Streifen geschnitten
frisch geriebener Pfeffer
1 Handvoll Petersilie, gehackt
1 Handvoll Basilikum, gehackt

1. Die Farfalle in reichlich kochendem Salzwasser al dente garen.
2. Inzwischen die Brühe in einer großen Kasserolle aufkochen. Bohnen, Zuckerschoten und die Chilischote einige Minuten bei geringer Hitze darin gerade weich garen und mit Salz und Pfeffer abschmecken.
3. Die Nudeln abgießen. Die Kräuter unter das Gemüse mischen und die Nudeln unterheben.
4. Auf Teller oder Schalen verteilen und sofort servieren.

Makkaroni mit Aubergine und Mozzarella

400 g Makkaroni
2 Auberginen, fein gewürfelt
2 Kugeln Mozzarella, fein gewürfelt
Salz
2 EL Olivenöl
1 Knoblauchzehe, grob gehackt
4 Tomaten, entkernt und gewürfelt
1 kleine Handvoll Basilikum, grob gehackt

1. Das Öl in einer großen Kasserolle erhitzen und den Knoblauch 1 Minute bei geringer Hitze darin anschwitzen. Die Auberginen dazugeben und etwa 5 Minuten bei mittlerer Hitze anbraten. Dabei laufend umrühren, damit die Auberginen nicht anhängen.
2. Die Tomaten und das Basilikum hinzufügen.
3. Die Makkaroni in reichlich kochendem Salzwasser al dente garen.
4. Die Nudeln abgießen und auf 4 Teller verteilen. Die Mozzarellawürfel unter die Auberginen mischen, das Gemüse unter die Nudeln heben und sofort servieren.

Die Aubergine ist streng genommen kein Gemüse, sondern eine Frucht. Typisch für die Aubergine ist der relativ milde, leicht rauchige Geschmack und das schwammartige Fruchtfleisch, das beim Kochen wunderbar weich und zart wird. Beim Einkauf sollte man stets darauf achten, dass die Früchte fest sind, eine glänzende Schale haben und schwer in der Hand liegen.

Tagliatelle mit Frühlingsgemüse

400 g grüne Tagliatelle
Salz
3 EL Olivenöl
1 Zwiebel, fein geschnitten
1 Knoblauchzehe, fein geschnitten
1 rote Paprikaschote, gewürfelt
250 g Zuckerschoten, blanchiert (2–3 Minuten in kochendes Wasser geben und anschließend unter fließendem kaltem Wasser abschrecken)
1 kleine Zucchini, der Länge nach halbiert und in Scheiben geschnitten
125 g Champignons, in Scheiben geschnitten
1 kleine Handvoll Petersilie, gehackt
2 Tropfen Tabasco
2 EL Pinienkerne, bei geringer Hitze ohne Fett in der Pfanne geröstet

1. Die Tagliatelle in reichlich kochendem Salzwasser al dente garen.
2. Inzwischen das Öl in einer Kasserolle erhitzen und die Zwiebel und den Knoblauch kurz darin anschwitzen. Die Paprikaschote und die Zuckerschoten dazugeben und das Gemüse noch 1 Minute braten.
3. Zucchini, Champignons, Petersilie und Tabasco hinzufügen und das Ganze 1 Minute bei geringer Hitze köcheln lassen.
4. Die Nudeln abgießen und mit dem Gemüse vermengen. Noch einmal erhitzen, auf Teller verteilen, mit den Pinienkernen bestreuen und sofort servieren.

Die *Pasta primavera* ist kein klassisches italienisches Gericht, sondern wurde in den 1970er-Jahren in Amerika von Sirio Maccioni, einem Promi-Wirt aus New York, kreiert und erfreute sich bei den Gourmets von Manhattan großer Beliebtheit. Und die sind, wie man weiß, besonders schwer zufriedenzustellen!

Warenkunde

Italienische Fleisch- und Wurstspezialitäten

Jede italienische Region hat ihre eigenen Fleischspezialitäten. Versuchen Sie, nach Möglichkeit den Original-Schinken oder die Orginal-Wurst zu bekommen, wenn Sie traditionelle italienische Gerichte zubereiten. Man schmeckt einfach den Unterschied. Dies sind die bekanntesten italienischen Fleisch- und Wurstspezialitäten:

Pancetta

Der Pancetta – durchwachsener Bauchspeck vom Schwein – ähnelt dem englischen Bacon. Pancetta gibt es in zwei Varianten: als gepökelten und gerollten Pancetta *(pancetta arrolata)* und als geräucherten Pancetta *(pancetta affumicata)*. Er ist nicht gerollt, die Scheiben sind also eher länglich als rund. Hauchdünne Pancetta-Scheiben eignen sich hervorragend als Antipasto. Wenn Sie Pancetta in Pastasaucen (zum Beispiel in einer Carbonara) verwenden wollen, bitten Sie Ihren Metzger, die Scheiben dicker zu schneiden, damit Sie sie in Würfel oder Streifen schneiden können.

Lardo und Südtiroler Speck

Man muss nicht viel Italienisch verstehen, um zu erraten, was sich hinter dem Wort *lardo* verbirgt: Es handelt sich um das reine Fett, ohne Fleisch. Südtiroler Speck wird gepökelt, geräuchert und muss anschließend 4–5 Monate reifen.

Salami

Die getrocknete Wurst aus Schweinefleisch wird überall in Italien hergestellt. Häufig ist sie, wie etwa die Mailänder Salami, mit Knoblauch verfeinert, man findet daneben aber auch noch alle möglichen anderen Gewürze. Florentiner Salami wird mit Fenchelsamen und Pfeffer gewürzt, während die *salame di Felino*, die aus der Nähe von Parma kommt, mit Knoblauch und Weißwein und die sardische Salami mit Chili verfeinert wird.

Parmaschinken

Ausgewählte italienische Schweine werden liebevoll mit einem Futter aus Körnern und Molke – die Flüssigkeit, die bei der Produktion von Parmesan zurückbleibt – aufgezogen. Nur das Fleisch aus den schweren Hinterkeulen wird verwendet. Der ‚Salzmeister' reibt den Schinken mit Meersalz ein, bevor er in Räumen mit großen Fenstern zum Trocknen aufgehängt wird, damit die würzige Luft von Parma dem Fleisch seine besondere Note verleihen kann. Das Fleisch muss mindestens ein Jahr reifen, bevor man ihm den Stempel mit der Krone des Herzogtums Parma aufprägt, der den Schinken als echten Prosciutto di Parma ausweist.

San-Daniele-Schinken

Noch edler als der Parmaschinken ist der rohe Schinken *(prosciutto crudo)* aus dem lombardischen San Daniele. Die Schweine werden in Freilandzucht aufgezogen und mit Eicheln gefüttert, was dem Fleisch seinen besonderen Geschmack verleiht.

Bresaola

Bei dieser Spezialität aus den Alpen handelt es sich um getrocknetes und gepökeltes Rindfleisch. Die besten Sorten werden aus dem Filetstück hergestellt.

Unser romantisches Italienbild – vor allem die Vorstellung, dass die Menschen dort ihre Lebensmittel noch selbst anbauen, alles frisch zubereiten und sogar das Fleisch aus eigener Schlachtung stammt – ist in vielen Dörfern durchaus noch zutreffend. Hühner und Gänse bevölkern die Bauernhöfe und liefern die Eier für die Eiernudeln und das Fleisch für das Ragù. So gibt es etwa in Umbrien noch immer ein Gesetz, das es den Bewohnern erlaubt, Schweine zu halten und selbst zu schlachten. Jede Region des Landes hat ihre besonderen Spezialitäten: Parmaschinken und anderer *prosciutto crudo* (roher Schinken), Pancetta (magerer, gepökelter oder geräucherter Bauchspeck), *coppa* (getrockneter und gepökelter Schinken, der aus weniger edlen Fleischstücken hergestellt wird) und die verschiedensten Arten von

Pasta mit Fleisch & Geflügel

Salami. In Pastasaucen wird Fleisch nur in relativ kleinen Mengen verwendet. Es soll lediglich dazu dienen, den Geschmack der Sauce zu heben, ist aber nicht der Hauptbestandteil des Gerichts. Das Fleisch wird in der Regel gehackt oder sehr klein geschnitten. Die bekannteste Fleischsauce für Pasta ist das Ragù. Als Ragù bezeichnet man im Allgemeinen jede Sauce, die aus gehacktem oder klein geschnittenem Fleisch zubereitet wird, das langsam mit Tomaten gegart wird. Hier hat praktisch jede Region ihre eigene Variante. Die Sauce bolognese wird aus einer Mischung aus Rind- und Schweinefleisch hergestellt, in Süditalien bereitet man das Ragù mit Lammfleisch und in der Toskana mit Wild zu. Zu größeren Fleischstücken passen am besten kurze oder breite Nudeln, die nicht so leicht von der Gabel gleiten.

Grüne Tagliatelle mit Hähnchenfilet in Weißweinsauce

400 g grüne Tagliatelle all'uovo (mit Ei)
2 Hähnchenfilets, klein geschnitten
2 EL Olivenöl
Salz und Pfeffer
1 kleine Zucchini, klein geschnitten
1 kleine Handvoll frischer Thymian, fein gehackt
(+ ½ EL grob gehackter Thymian zum Garnieren)
1 kleine Handvoll Basilikum, fein gehackt
100 ml Hühnerbrühe
100 ml trockener Weißwein
200 g Sahne

1. Das Öl in einer großen Kasserolle erhitzen, das Fleisch rundherum anbräunen und anschließend mit Salz und Pfeffer würzen.
2. Zucchini, Thymian und Basilikum dazugeben und 1 Minute unter Rühren anbraten. Das Fleisch, die Zucchini und die Kräuter dann aus dem Topf nehmen.
3. Die Hühnerbrühe, den Wein und die Sahne in die Kasserolle gießen, gut umrühren, aufkochen und 15 Minuten bei geringer Hitze köcheln lassen.
4. Die Tagliatelle in reichlich kochendem Salzwasser al dente garen.
5. Das Fleisch und die Zucchini mit den Kräutern in die Sauce geben und mit Salz und Pfeffer abschmecken.
6. Die Nudeln abgießen und mit der Sauce vermengen. Auf Teller verteilen, mit dem grob gehackten Thymian bestreuen und servieren.

Je kleiner die Zucchini sind, desto intensiver der Geschmack. Bei großen Exemplaren handelt es sich häufig um hydroponisch gezogene Pflanzen, die weniger kräftig im Geschmack sind als Pflanzen, die in der Erde gezogen wurden.

Pipe rigate mit Rindfleisch und San-Daniele-Schinken

400 g Pipe rigate

500 g Rindfleisch zum Schmoren, in Würfel geschnitten

100 g San-Daniele-Schinken (oder Parmaschinken), in Streifen geschnitten

2 EL Olivenöl

1 Zwiebel, fein geschnitten

Salz und Pfeffer

1 große Handvoll frische Petersilie, fein geschnitten

½ Möhre, in Scheiben geschnitten

1 Stange Sellerie, in dünne Scheiben geschnitten

200 ml Rotwein

4 Tomaten, entkernt und gewürfelt

Rindsbouillon (nach Belieben)

1. 1 Esslöffel Öl in einer Kasserolle erhitzen und die Zwiebel mit dem Schinken bei mittlerer Hitze glasig anschwitzen.
2. Das restliche Öl in einer zweiten Kasserolle erhitzen, das Rindfleisch rundherum anbräunen und anschließend mit Salz und Pfeffer würzen.
3. Zwiebel, Schinken, Petersilie, Möhre und Sellerie dazugeben, den Rotwein angießen und zum Schluss die Tomaten hinzufügen. Den Deckel auflegen und das Fleisch etwa 1 Stunde schmoren lassen, bis die Flüssigkeit vollständig verdunstet ist. Wenn die Flüssigkeit zu schnell verdunstet, etwas Rindsbouillon angießen.
4. Die Nudeln in reichlich kochendem Salzwasser al dente garen.
5. Die Nudeln abgießen, mit dem Fleisch vermengen und sofort servieren.

Tagliatelle mit Rinderfilet und Trüffelsauce

400 g Tagliatelle

400 g Rinderfilet, in Streifen geschnitten

Salz

2 EL Olivenöl

1 kleine Spitz- oder Weißkohl, in feine Streifen geschnitten

1 EL Butter

100 g Shiitakepilze

Pfeffer

Für die Trüffelsauce:

4 EL Milch

1 EL Trüffelöl

2 EL geriebener Pecorino

1. Für die Trüffelsauce die Milch in einer kleinen Kasserolle erwärmen. Den Topf anschließend vom Herd nehmen und das Trüffelöl und den Pecorino einrühren.
2. Die Tagliatelle in reichlich kochendem Salzwasser al dente garen.
3. Inzwischen 1 Esslöffel Olivenöl in einem Wok oder in der Pfanne erhitzen und den Kohl etwa 1 Minute unter Rühren darin anbraten. Die Trüffelsauce einrühren und die Pfanne vom Herd nehmen.
4. Die Nudeln abgießen und mit dem Kohl und der Sauce vermengen.
5. Das restliche Olivenöl und die Butter in einer Pfanne stark erhitzen und das Rinderfilet etwa 1 Minute rundherum darin anbraten. Die Pilze dazugeben und ebenfalls 1 Minute bei starker Hitze anbraten. Anschließend mit Salz und Pfeffer abschmecken.
6. Die Tagliatelle auf Tellern anrichten und das Fleisch daraufgeben.

Kaufen Sie nach Möglichkeit keine synthetisch hergestellte Trüffelessenz, sondern ein Trüffelöl, das aus richtigen Trüffeln oder Trüffelschalen hergestellt wurde. Sie benötigen nur eine geringe Menge, um Ihren Speisen ein intensives Trüffelaroma zu verleihen. Das empfindliche Öl stets an einem kühlen, lichtgeschützten Ort aufbewahren.

Tortelloni mit rohem Schinken und Tomaten-Sahne-Sauce

400 g Tortelloni (mit rohem Schinken gefüllt)
100 g roher Schinken (z. B. Parmaschinken), in Streifen geschnitten
6 reife Tomaten, enthäutet und in Stücke geschnitten
100 ml trockener Weißwein
150 g Sahne
1 kleine Handvoll Rucola, grob gehackt
frisch gemahlener schwarzer Pfeffer

1. Den Wein mit der Sahne in einem Topf erhitzen, die Tomaten hinzufügen, 5 Minuten köcheln lassen und anschließend mit dem Stabmixer pürieren.
2. Die Tortelloni nach Packungsanweisung kochen und abgießen.
3. Die Schinkenstreifen und danach die Tortelloni unter die Sauce mischen.
4. Mit dem Rucola bestreuen, mit Pfeffer übermahlen und servieren.

Mafaldine mit Salami

400 g Mafaldine oder Lasagnette
1 Salami (oder eine andere pikante Trockenwurst), klein geschnitten
2 EL Olivenöl
2 Knoblauchzehen, in dünne Scheiben geschnitten

1. Die Nudeln in reichlich kochendem Salzwasser al dente garen.
2. Inzwischen das Öl in einer großen Pfanne erhitzen und den Knoblauch mit der Salami 1 Minute bei geringer Hitze anbraten.
3. Die Nudeln abgießen und mit der Knoblauch-Salami-Mischung vermengen.
4. Auf 4 kleine Schüsseln verteilen und sofort servieren.

Die Mafaldine sind nach Mafalda von Savoyen, der zweiten Tochter des italienischen Königs Viktor Emanuel III. und seiner Frau Elena von Montenegro, benannt.

Maccheroncini mit Hähnchenfilet in Pilzsauce

400 g Maccheroncini (kurze Makkaroni)
400 g Hähnchenfilet, in Streifen geschnitten
400 g gemischte Pilze (z. B. Austernpilze, Pfifferlinge, braune Champignons)
2 EL Olivenöl
1 Knoblauchzehe, fein geschnitten
Salz

Für die Sauce:
100 ml Gemüsebrühe
100 ml trockener Weißwein
100 g Sahne
2 EL Trüffelöl

1. Die Saucenzutaten in einer kleinen Kasserolle verrühren, aufkochen und 10 Minuten bei geringer Hitze köcheln lassen.
2. Kurz bevor die Sauce fertig ist, die Nudeln in reichlich kochendem Salzwasser al dente garen.
3. Inzwischen 1 Esslöffel Öl in einer Pfanne erhitzen und den Knoblauch 1 Minute bei geringer Hitze darin anschwitzen. Das Fleisch in die Pfanne geben und 2 Minuten bei starker Hitze rundherum anbraten.
4. Eine zweite Pfanne (ohne Öl) stark erhitzen und die Pilze darin braten, bis die Flüssigkeit, die sie abgeben, vollständig verdunstet ist. Anschließend 1 Esslöffel Öl in die Pfanne geben und die Pilze nochmals 1 Minute unter Rühren braten. Zum Schluss die Sauce einrühren.
5. Die Nudeln abgießen und sofort auf tiefe Teller verteilen. Das Fleisch und die Pilzsauce darauf verteilen und sofort servieren.

Braune Champignons niemals in der Nähe von Zitrusfrüchten aufbewahren, weil sie durch das in den Schalen der Zitrusfrüchte enthaltene ätherische Öl schneller verderben. Da Pilze andere Aromen leicht annehmen, sollte man sie nach Möglichkeit auch nicht neben Gemüse mit intensivem Geruch wie Lauch oder Zwiebeln lagern.

Man hat die Pasta einmal
als ‚das demokratischste Gericht
der Welt' bezeichnet,
weil ausnahmslos jeder in ihren
Genuss kommen kann.
Für die, die wenig Geld haben, ist
sie ein Segen, weil die Zutaten
(Weizen und Wasser)
so preiswert sind. Und die, die
viel Geld besitzen, können sie
auf ihre Weise genießen:
mit einer Trüffelsauce oder
anderen edlen Zutaten!

Vollkorn-Penne mit Schweinswurst und geröstetem Knoblauch

400 g Vollkorn-Penne
200 g italienische Schweinswurst, klein geschnitten
16 Knoblauchzehen, geschält
Olivenöl
200 ml Fleischbrühe
200 g Sahne
100 ml Rotwein
Salz
50 g Pecorino, gerieben

1. Den Backofen auf 200 °C (Umluft 180 °C, Gas Stufe 6) vorheizen.
2. Die Knoblauchzehen in einer Auflaufform verteilen, vollständig mit Olivenöl bedecken und etwa 15 Minuten im Backofen weich garen.
3. In einem kleinen Topf die Brühe mit Sahne und Rotwein um die Hälfte reduzieren, die Hälfte der Knoblauchzehen dazugeben und das Ganze mit dem Stabmixer pürieren.
4. 1 Esslöffel Olivenöl in einer Pfanne erhitzen und die Wurst einige Minuten braten, bis sie gar ist.
5. Die Nudeln in reichlich kochendem Salzwasser al dente garen, abgießen und mit der Sauce und der Wurst vermengen. Den Pecorino und die restlichen Knoblauchzehen darüberstreuen und sofort servieren.

Das Öl, in dem der Knoblauch gegart wurde, nicht wegschütten. Das wäre eine Sünde. Heben Sie das schmackhafte Knoblauchöl zum Beispiel für *Spaghetti con aglio e olio*, zum Braten von Fleisch oder Kartoffeln oder für eine Salatsauce auf.

Fettuccelle mit Schweinefilet in Pilz-Sahne-Sauce

400 g Fettuccelle
500 g Schweinefilet
1 EL Olivenöl
Salz und Pfeffer

Für die Sauce:
250 g Pilze
1 Zwiebel, fein geschnitten
1 Knoblauchzehe, fein geschnitten
100 ml trockener Sherry
100 ml Rindsbouillon
100 g Sahne
1 kleine Handvoll Petersilie, fein geschnitten

1. Den Backofen auf 160 °C (Umluft 140 °C, Gas Stufe 3) vorheizen.
2. Das Öl in einer großen Kasserolle erhitzen und das Fleisch rundherum kurz anbraten. Mit Salz und Pfeffer würzen, in eine Auflaufform füllen und 20 Minuten im Backofen garen.
3. Kurz bevor das Fleisch fertig ist, die Nudeln in reichlich kochendem Salzwasser al dente garen.
4. Inzwischen die Kasserolle wieder erhitzen und die Zwiebel mit dem Knoblauch glasig anschwitzen. Die Pilze hinzufügen und 1 Minute unter Rühren braten. Sherry, Brühe und Sahne angießen, aufkochen und etwa 5 Minuten bei geringer Hitze köcheln lassen. Die Petersilie einrühren und die Sauce noch 1 Minute köcheln lassen.
5. Das Fleisch aus dem Ofen nehmen, in Scheiben schneiden und zum Warmhalten mit Alufolie abdecken.
6. Die Nudeln abgießen und auf Teller verteilen. Mit der Sauce begießen, das Fleisch darauf anrichten und sofort servieren.

Die Schärfe von Knoblauch ist von der Sorte, aber auch von der Frische abhängig. Den grünen Keim in der Mitte stets entfernen, er schmeckt unangenehm bitter, wenn er erhitzt wird.

Fusilli mit Lammsauce

400 g Fusilli
400 g Lammhackfleisch
1 EL Olivenöl
1 Zwiebel, fein gehackt
500 g Strauchtomaten, entkernt und gewürfelt
200 ml Rotwein
2 EL Senf
1 kleine Handvoll Basilikum, fein gehackt
Salz und Pfeffer
100 g Pecorino, gerieben

1. Das Öl in einer Kasserolle erhitzen und das Fleisch darin anbraten. Dabei laufend rühren, damit es krümelig wird. Die Zwiebel hinzufügen und das Ganze unter Rühren weiterbraten, bis die Zwiebel glasig und das Fleisch angebräunt ist.
2. Tomaten, Rotwein, Senf und Basilikum dazugeben und alles gut verrühren. 5 Minuten bei schwacher Hitze köcheln lassen und anschließend mit Salz und Pfeffer abschmecken.
3. Inzwischen die Nudeln in reichlich kochendem Salzwasser al dente garen.
4. Die Nudeln abgießen und mit der Sauce vermengen.
5. Auf tiefe Teller verteilen und servieren. Den geriebenen Pecorino getrennt dazu reichen.

Linguine mit Salami

400 g Linguine
250 g Salami (am Stück), gepellt und gewürfelt
1 EL Olivenöl
1 rote Zwiebel, fein geschnitten
2 Knoblauchzehen, fein geschnitten
1 rote Chilischote, entkernt und fein geschnitten
1 EL getrockneter Oregano
1 EL Tomatenmark
1 Dose (400 g) Tomatenstücke
Salz

1. Das Öl in einer großen Pfanne erhitzen und die Zwiebel mit dem Knoblauch 1 Minute darin anschwitzen. Die Salami hinzufügen und 1 Minute unter Rühren anbraten.
2. Chili, Oregano, Tomatenmark und die Tomaten dazugeben und das Ganze 20 Minuten bei geringer Hitze zu einer dicken Sauce einkochen lassen.
3. Kurz bevor die Sauce fertig ist, die Linguine in reichlich kochendem Salzwasser al dente garen.
4. Die Nudeln abgießen, mit der Sauce vermengen, auf Teller oder Schalen verteilen und sofort servieren.

In der italienischen und der griechischen Küche ist Oregano nahezu unverzichtbar. Der Geschmack des Krautes ist davon abhängig, wie viel Sonne die Pflanze bekommt. Der Name leitet sich vom griechischen Wort *origanon* ab und bedeutet Schmuck der Berge.

Pipe rigate mit Parmaschinken und Erbsen

400 g Pipe rigate
200 g Parmaschinken, in Streifen geschnitten
300 g Erbsen (frisch oder tiefgekühlt)
1 EL Olivenöl
1 Zwiebel, fein geschnitten
100 ml Gemüse- oder Fleischbrühe
1 kleine Handvoll frisches Basilikum, in Streifen geschnitten
Salz und Pfeffer, frisch gemahlen

1. Das Öl in einer großen Kasserolle erhitzen und die Zwiebel darin glasig anbraten.
2. Die Erbsen hinzufügen, die Brühe angießen und das Ganze einige Minuten kochen lassen, bis die Erbsen weich sind.
3. Die Nudeln in reichlich kochendem Salzwasser al dente garen.
4. Die Nudeln abgießen und mit den Erbsen und den Zwiebeln, dem Schinken und dem Basilikum vermengen.
5. In tiefen Tellern oder Schalen anrichten, mit etwas Salz und Pfeffer übermahlen und sofort servieren.

Frische Erbsen sollte man nach der Ernte sofort verbrauchen, denn der Zucker wird schnell in Stärke umgewandelt und die Erbsen verlieren ihren süßen Geschmack. Die Erbsen erst unmittelbar vor dem Kochen palen.

Warenkunde

Eingelegte Sardellen

Eingelegte Sardellen sind geradezu ein Zaubergewürz. Meint man zum Beispiel, einer Sauce – sogar einer Fleischsauce – fehle noch das gewisse Etwas, rührt man einfach ein Sardellenfilet hinein. Das Filet ‚schmilzt' regelrecht und hinterlässt nur diesen wunderbar runden, intensiven Geschmack in Ihrem Ragù.

Frische Sardellen haben einen ähnlichen Geschmack wie ihr großer Bruder, der Hering. Legt man sie einige Monate in Salz ein, bekommen sie diesen eigentümlichen, einzigartigen Anchovisgeschmack, der schon die alten Römer in Verzücken versetzte. In Gerichten wie *Spaghetti alla puttanesca* ist die Sardelle eine Hauptzutat, viel häufiger taucht sie allerdings ‚unerkannt' als Gewürz auf. Die Fische werden unmittelbar nach dem Fang ausgenommen, mit grobem Meersalz in Fässern eingelegt und mit Gewichten beschwert. Das Salz entzieht dem Fisch die Flüssigkeit und sorgt dafür, dass die im Fleisch enthaltenen Proteine fest werden – ein Prozess, der sich in ähnlicher Form auch beim Kochen vollzieht. Dadurch wird die Haltbarkeit des Fisches beträchtlich erhöht. Anschließend lässt man die Sardellen etwa drei Monate reifen. In dieser Zeit entfalten sich das typische Aroma und der charakteristische Geschmack. Danach werden die Fische in der Regel mit Öl in die berühmten kleinen Dosen verpackt oder zu Sardellenpaste verarbeitet. In Italien legt man die Sardellen auch im Ganzen in grobem Meersalz ein. So bleibt der Geschmack noch besser erhalten, die Zubereitung macht dann allerdings mehr Mühe.

Frische Sardellen

Obwohl ein Großteil des Sardellenfangs sofort eingelegt wird, essen die Italiener die Fische häufig auch frisch, zum Beispiel in Pastagerichten, als Grillfisch oder mariniert als Antipasto.

Ein Blick auf die Landkarte genügt, um zu verstehen, weshalb Fisch und Meeresfrüchte in der italienischen Küche eine so große Rolle spielen. Von der schmalen, felsigen Küste Liguriens und den Buchten der Toskana bis zu den sonnigen Stränden der Abruzzen und Apuliens – nicht zu vergessen die beiden Inseln Sizilien und Sardinien – überall gibt es frischen Fisch und frische Meeresfrüchte wie

Pasta mit Fisch & Meeresfrüchten

Seebarsch, Sardinen und Rotbarbe, Tintenfisch und Kalmare sowie alle Arten von Schalentieren. Neben den Meeren, die das Land umgeben, gibt es aber auch viele Binnenseen und Flüsse, in denen Forellen und andere Süßwasserfische gedeihen. Und natürlich findet ein großer Teil dieser Fische und Meeresfrüchte Eingang in Pastagerichte. In Süditalien kombiniert man sie gerne mit einer Tomatensauce. Eine neapolitanische Spezialität ist beispielsweise Pasta mit Tomaten, Thunfisch, Venusmuscheln und anderen Schalentieren, und in Apulien bereitet man Sardellen traditionell mit Brokkoli und Tomate zu. In Norditalien serviert man Fisch und Meeresfrüchte dagegen gerne mit Sahnesaucen. Großer Beliebtheit erfreut sich zurzeit zum Beispiel der moderne Klassiker mit Räucherlachs und Sahne.

Linguine mit Scampi in Knoblauchsenf-Sauce

400 g Linguine
Salz
500 g rohe Scampi, geschält und von den Därmen befreit
1 EL Olivenöl
1 Zwiebel, gehackt
2 Knoblauchzehen, fein geschnitten
1 EL Knoblauchsenf
2 Tomaten, entkernt und gewürfelt
100 g Crème fraîche
1 kleine Handvoll Basilikum, in Streifen geschnitten

1. Die Linguine in reichlich kochendem Salzwasser al dente garen.
2. Inzwischen das Öl in einer Kasserolle erhitzen und die Zwiebel mit dem Knoblauch kurz darin anschwitzen.
3. Die Scampi dazugeben und so lange braten, bis sie gerade rosa sind. Senf, Tomaten, Crème fraîche und Basilikum hinzufügen und das Ganze noch einmal erhitzen.
4. Die Nudeln abgießen und mit der Sauce vermengen.
5. Auf Teller oder Schalen verteilen und sofort servieren.

Knoblauchsenf ist in Delikatessengeschäften und gut sortierten Supermärkten erhältlich. Er schmeckt einfach köstlich. Wenn Sie keinen Knoblauchsenf bekommen, eignet sich ersatzweise auch ein guter französischer Senf, ein Estragon- oder ein Pfeffersenf.

Tortiglioni mit Spinat und Tapenade

400 g Tortiglioni
500 g Spinat, gehackt
Salz
1 EL Olivenöl
1 Schalotte, fein geschnitten

Für die Tapenade:
100 g entsteinte grüne Oliven
1 Dose (50 g) Sardellenfilets
1 EL fein geschnittene Petersilie
1 EL Kapern
4 EL Olivenöl

1. Die Tortiglioni in reichlich kochendem Salzwasser al dente garen.
2. Inzwischen die Tapenade-Zutaten im Mixer oder mit dem Stabmixer pürieren.
3. Das Öl in einer großen Pfanne oder im Wok erhitzen und die Schalotte etwa 20 Sekunden darin anschwitzen. Den Spinat hinzufügen und zusammenfallen lassen. Die Pfanne dann vom Herd nehmen.
4. Die Nudeln abgießen und sofort mit dem Spinat vermengen. Noch einmal erhitzen, auf 4 Teller verteilen und servieren. Die Tapenade getrennt dazu reichen.

In früheren Zeiten, als noch nicht jeder Haushalt über einen Kühlschrank oder eine Gefriertruhe verfügte, wurde dringend davon abgeraten, gekochten Spinat noch einmal aufzuwärmen, denn aufgewärmter Spinat enthielt in der Regel sehr viel Nitrit. Dank der modernen Kühltechnik, die es ermöglicht, den Spinat rasch zu kühlen, gilt dies heute nur noch eingeschränkt. Aber Kleinkinder, Schwangere und ältere Menschen sollten nach Möglichkeit nur frisch gekochten Spinat essen.

Tagliatelle mit Seebarsch und Glasschmalz

400 g Tagliatelle
4 Seebarschfilets (à 100 g)
200 g Glasschmalz (Queller), 1 Minute in kochendem Wasser blanchiert
Salz
1 l Fischbrühe

Für das Kräuteröl:
1 Knoblauchzehe
1 EL fein geschnittene Petersilie
1 EL fein geschnittenes Basilikum
1 EL fein geschnittener Kerbel
100 ml Olivenöl
100 ml Maiskeimöl
Salz und Pfeffer

1. Die Tagliatelle in reichlich kochendem Salzwasser al dente garen.
2. Inzwischen die Fischbrühe aufkochen lassen und die Seebarschfilets etwa 10 Minuten bei geringer Hitze darin pochieren.
3. Die Filets anschließend herausnehmen, halbieren und warm halten.
4. Die Zutaten für das Kräuteröl mit dem Stabmixer verrühren und mit Salz und Pfeffer abschmecken.
5. Die Nudeln abgießen, wieder in den Topf geben und mit 2 Esslöffeln Kräuteröl und dem Glasschmalz vermischen.
6. Die Nudeln auf Teller verteilen, den Fisch darauf anrichten und sofort servieren. Das restliche Kräuteröl getrennt dazu reichen.

Glasschmalz wird von etwa Ende April bis Ende August angeboten. Vor der Zubereitung gegebenenfalls die harten Stielenden entfernen und das Glasschmalz kurz unter fließendem kaltem Wasser waschen. Glasschmalz nie über längere Zeit im Wasser liegen lassen, denn als Salzwasserpflanze verträgt es kein Süßwasser.

Cravattine mit Jakobsmuscheln

400 g Cravattine all'uovo (mit Ei)
16 Jakobsmuscheln
Salz
2 EL Olivenöl
2 Knoblauchzehen, fein geschnitten
½ rote Chilischote, entkernt und fein geschnitten
2 Frühlingszwiebeln, fein geschnitten
200 g Sahne
frisch gemahlener Pfeffer

1. Die Cravattine in reichlich kochendem Salzwasser al dente garen.
2. 1 Esslöffel Öl in einer großen Pfanne erhitzen. Den Knoblauch und die Chilischote etwa 30 Sekunden darin anschwitzen. Die Frühlingszwiebeln hinzufügen und gut umrühren. Die Sahne angießen und mit Salz und Pfeffer abschmecken.
3. Die Jakobsmuscheln rundherum mit dem restlichen Öl bepinseln. Eine Grillpfanne sehr heiß werden lassen und die Jakobsmuscheln auf jeder Seite 30 Sekunden braten.
4. Die Nudeln abgießen und mit der Sahnesauce vermengen.
5. Auf Teller verteilen, je 4 Jakobsmuscheln darauf anrichten und sofort servieren.

Frische Jakobsmuscheln haben einen köstlichen, süßlichen Geschmack, der am besten zur Geltung kommt, wenn man sie möglichst einfach zubereitet. Jakobsmuscheln niemals in Wasser aufbewahren, sie saugen sich sonst wie ein Schwamm voll.

Fazzoletti mit Krebsfleisch in Sahnesauce

250 g Krebsfleisch
1 EL Olivenöl
1 Zwiebel, gehackt
3 Knoblauchzehen, fein geschnitten
1 Stange Sellerie, in dünne Scheiben geschnitten
1 getrocknete Chilischote, zerkrümelt
Saft von 1 Zitrone
4 EL Sahne
1 kleine Handvoll frischer Oregano, grob gehackt

Für den Pastateig:
300 g italienisches Pastamehl (Type 00)
(ersatzweise Weizenmehl Type 405)
3 Eier
½ TL Salz + Salz für das Kochwasser

1. Das Mehl auf die Arbeitfläche sieben und eine Mulde in die Mitte des Mehlbergs drücken. Die Eier und das Salz hineingeben. Mit einer Gabel vorsichtig von der Mitte nach außen rühren, bis das Mehl vollständig mit den Eiern vermischt ist. Den Teig anschließend 10–15 Minuten durchkneten, bis er weich und elastisch ist. In Frischhaltefolie einschlagen und 30 Minuten ruhen lassen
2. Das Öl in einer Kasserolle erhitzen und die Zwiebel mit Knoblauch, Sellerie und Chilischote 1 Minute darin anschwitzen.
3. Das Gemüse vom Herd nehmen und das Krebsfleisch, den Zitronensaft und die Sahne untermischen. Warm stellen.
4. Den Pastateig dünn ausrollen und 8 x 8 Zentimeter große Quadrate daraus ausschneiden. Die Fazzoletti in reichlich kochendem Salzwasser etwa 4 Minuten al dente garen.
5. Die Nudeln abgießen und vorsichtig mit der Sauce anrichten. Mit dem Oregano bestreuen und servieren.

Al dente gekochte Nudeln sind nach neueren ernährungswissenschaftlichen Erkenntnissen gesünder als weich gekochte, da sie einen niedrigeren glykämischen Index (GI) haben, der Kohlenhydrate danach klassifiziert, wie schnell sie verbrannt werden. Bei den in al dente gekochten Nudeln enthaltenen Kohlenhydraten handelt es sich um sogenannte ‚langsame Kohlenhydrate', die der Körper langsamer verdaut und die für lange Zeit Energie liefern und figurfreundlicher sind.

Penne mit frischem Thunfisch und Paprikaschote

400 g Penne rigate
500 g frischer Thunfisch, klein geschnitten
1 rote Paprikaschote, in Streifen geschnitten
1 grüne Paprikaschote, in Streifen geschnitten
1 gelbe Paprikaschote, in Streifen geschnitten
1 kleine Handvoll Minzeblätter, fein gehackt
Saft von 1 Limette
1 EL Balsamicoessig
2 EL Olivenöl
100 g Zuchtchampignons oder braune Champignons, in Scheiben geschnitten
8 Sardellenfilets (aus der Dose)
2 EL entsteinte grüne Oliven
1 EL Kapern
Salz

1. Die Minze mit Limettensaft, Balsamicoessig und 1 Esslöffel Olivenöl verrühren und den Thunfisch 30 Minuten darin marinieren. Anschließend herausnehmen und trocken tupfen.
2. Die Penne in reichlich kochendem Salzwasser al dente garen.
3. Inzwischen 1 Esslöffel Öl in einer großen Pfanne erhitzen und die Paprikaschoten mit den Pilzen etwa 1 Minute darin anbraten.
4. Die Sardellen hinzufügen und so lange rühren, bis sie vollständig zerfallen sind. Oliven, Kapern und den Thunfisch dazugeben und 1 Minute anbraten. Die Marinade angießen und die Sauce noch einmal erhitzen.
5. Die Nudeln abgießen und auf Teller verteilen. Die Thunfischmischung darauf anrichten und sofort servieren.

Wegen seines hohen Fett- und Ölgehalts verdirbt Thunfisch sehr schnell. Deshalb sollte man beim Einkauf unbedingt darauf achten, dass der Fisch absolut frisch ist. Frische Thunfischsteaks sollten sich fest anfühlen, wenn man daraufdrückt, und einen fleischigen Geschmack haben. Die Steaks vor dem Garen mit Küchenpapier trocken tupfen.

Muschelnudeln mit Garnelen in Dill-Sahne-Sauce

400 g Muschelnudeln mit Ei (Conchiglie all'uovo)
Salz
frischer Dill zum Garnieren

Für die Dillsauce:
200 g Sahne
250 ml Fischbrühe
2 EL Pernod
Saft von 1 Limette
1 kleine Handvoll Dill, gehackt
300 g Garnelen, geschält und gegart
frisch gemahlener Pfeffer

1. Die Nudeln in reichlich kochendem Salzwasser al dente garen.
2. Inzwischen die Sahne mit der Brühe in einem Topf aufkochen und etwa 10 Minuten bei geringer Hitze um die Hälfte reduzieren. Dabei gelegentlich umrühren.
3. Den Pernod, den Limettensaft, den Dill und die Garnelen hinzufügen und mit Salz und Pfeffer abschmecken.
4. Die Nudeln abgießen und mit der Sauce vermengen.
5. Auf Teller verteilen, mit Dill bestreuen und sofort servieren.

Pernod-Ricard ist ein französischer Spirituosenhersteller. Berühmt ist der Pernod, ein Aperitif, der aus Sternanis und Kräuterauszügen hergestellt wird.

Penne mit Sardellen und Brokkoli

400 g Penne rigate
1 Dose (50 g) Sardellenfilets
400 g Brokkoli, in kleine Röschen zerteilt
Salz
1 Zwiebel, fein geschnitten
2 Knoblauchzehen, fein geschnitten
3 EL Olivenöl
4 Tomaten, entkernt und in Streifen geschnitten
50 g entsteinte schwarze Oliven
2 EL Kapern
1 Frühlingszwiebel, in Ringe geschnitten
Saft von 1 Zitrone
1 EL frisch gehackter Oregano

1. Die Penne in reichlich kochendem Salzwasser al dente garen.
2. Inzwischen die Brokkoliröschen 2 Minuten in kochendem Wasser blanchieren und anschließend abtropfen lassen.
3. Die Zwiebel mit dem Knoblauch im Olivenöl glasig anschwitzen. Tomaten, Oliven, Kapern, Sardellen, Frühlingszwiebel und Brokkoli hinzufügen und vorsichtig umrühren.
4. Die Nudeln abgießen und mit der Brokkolimischung vermengen.
5. Auf Teller verteilen, mit dem Zitronensaft beträufeln, mit dem Oregano bestreuen und sofort servieren.

Zitronensaft ist nicht nur ein Gewürz, er unterstreicht auch den Geschmack der einzelnen Zutaten. Ähnlich wie Salz kann ein wenig Zitronensaft einem Gericht erst den richtigen Pfiff verleihen.

Lasagnette mit Lachs und Schnittlauch-Sahne-Sauce

400 g Lasagnette
Salz
Schnittlauch zum Garnieren

Für die Schnittlauchsauce:
1 Handvoll Schnittlauch, in Röllchen geschnitten
250 g Crème fraîche
100 ml Gemüse- oder Fischbrühe
200 g Räucherlachs, in Streifen geschnitten
Salz und Pfeffer

1. Die Lasagnette in reichlich kochendem Salzwasser al dente garen.
2. Inzwischen die Crème fraîche in einem Topf erhitzen. Die Brühe, den Schnittlauch und den Fisch hinzufügen, heiß werden lassen und mit Salz und Pfeffer abschmecken.
3. Die Nudeln abgießen und mit der Sauce vermengen.
4. Auf tiefe Teller oder Schalen verteilen und sofort servieren.

Fusilli mit frischem Lachs, Brunnenkresse und Meerrettich

400 g Fusilli
400 g frisches Lachsfilet, klein geschnitten
75 g Brunnenkresse, grob gehackt (einige Blätter zum Garnieren aufheben)
100 ml trockener Weißwein
100 g Sahne
200 ml Fischbrühe
1 kleine Zwiebel, fein geschnitten
2 EL Meerrettich (aus dem Glas)
Salz und Pfeffer

1. Für die Sauce den Wein mit der Sahne, der Fischbrühe und der Zwiebel aufkochen und bei geringer Hitze um die Hälfte reduzieren.
2. Die Fusilli in reichlich kochendem Salzwasser al dente garen.
3. Den Meerrettich und den Fisch in die Sauce geben und mit Salz und Pfeffer abschmecken.
4. Die Nudeln abgießen und sofort mit der Sauce vermengen.
5. Die Kresse unterheben, die Pasta auf Teller oder Schalen verteilen, mit der restlichen Kresse garnieren und sofort servieren.

Mit ihrem pfeffrigen Geschmack eignet sich Brunnenkresse hervorragend zum Verfeinern von Suppen, Salaten, Omeletts und Quiches. Beim Einkauf darauf achten, dass die Blätter nicht welk sind und eine hellgrüne Farbe haben. Brunnenkresse nicht länger als einen Tag im Kühlschrank aufbewahren, denn sie verdirbt sehr schnell.

Spaghetti mit Bottarga

400 g Spaghetti
etwa 40 g Bottarga
200 ml Olivenöl
6 Knoblauchzehen, geschält und halbiert
Salz

1. Das Öl in einem Topf erhitzen, den Knoblauch bei geringer Hitze darin weich garen und anschließend im Öl mit einer Gabel zerdrücken.
2. Die Spaghetti in reichlich kochendem Salzwasser al dente garen, abgießen und mit dem Knoblauchöl vermengen.
3. Auf Teller verteilen, die Bottarga darüberreiben und sofort servieren.

Bottarga ist eine sardische Spezialität. Sie wird aus getrocknetem und gesalzenem Thunfisch- oder Meeräschenrogen hergestellt und ist in italienischen Lebensmittelgeschäften oder Delikatessengeschäften erhältlich. In dünne Scheiben geschnitten kann man sie auch zum Aperitif servieren.

Knusprig gebratene Spaghetti mit Sardellen

500 g Spaghetti (oder Vermicelli)
Salz
10 Sardellenfilets
2 EL Olivenöl
2 Knoblauchzehen, fein geschnitten
100 g Paniermehl, im Backofen geröstet
1 kleine Handvoll Petersilie, grob gehackt

1. Die Spaghetti in reichlich kochendem Salzwasser al dente garen.
2. Inzwischen das Olivenöl in einer Pfanne erhitzen und den Knoblauch 1 Minute darin anschwitzen, ohne dass er Farbe annimmt.
3. Die Sardellen dazugeben und so lange kochen, bis sie zerfallen sind.
4. Die Spaghetti abgießen, mit dem Paniermehl in die Pfanne geben und knusprig braten.
5. Auf tiefe Teller verteilen, mit der Petersilie bestreuen und sofort servieren.

1. April

„Für alle, die dieses Gericht lieben, gibt es nichts Besseres als richtige, selbst angebaute Spaghetti", erklärte der Fernsehmoderator Richard Dimbleby 1957 den Zuschauern der faszinierenden BBC-Dokumentation ‚Spaghetti-Ernte im Frühling', die eine Tessiner Bauernfamilie zeigte, die pfundweise Spaghetti von den Bäumen pflückt. „Im Unterschied zu den riesigen Spaghetti-Plantagen in der Poebene wird der Spaghetti-Anbau in der Schweiz meist von kleinen Familienunternehmen betrieben. Die letzten Märzwochen sind für die Spaghetti-Bauern eine arbeitsreiche Zeit", berichtete Dimbleby, „denn späte Fröste können den Geschmack erheblich beeinträchtigen." Dass am folgenden Tag (dem 2. April) Hunderte Zuschauer bei der BBC anriefen, weil sie wissen wollten, wie man die Spaghetti auch selbst anbauen könne, zeigte, dass Pasta in den 1950er-Jahren in England noch etwas ziemlich Exotisches war. „Stellen Sie einfach einen Spaghetti-Zweig in eine Dose mit Tomatensauce und hoffen das Beste", lautete die scherzhafte Antwort der BBC.

Warenkunde

Italienischer Käse

Ein Pastagericht ohne Käse ist nahezu unvorstellbar. Und da ist frisch geriebener Parmesan, der ‚König des Käses', beileibe nicht der einzige, der uns fehlen würde. Man denke nur einmal an einen zart schmelzenden Gorgonzola über heißen Gnocchi, cremigen Mascarpone, frischen Mozzarella oder aromatischen Ziegenkäse …

Auf den saftigen grünen Weiden Norditaliens wachsen die Kühe heran, aus deren Milch man unter anderem den berühmten Parmesan herstellt. Aus den Alpen kommen der cremige Taleggio und der Fontina, ebenfalls zwei Kuhmilchkäse. In Mittel- und Süditalien dominiert Schafskäse, dessen berühmtester Vertreter der Pecorino ist. Und in den Sumpfgebieten Süditaliens leben Wasserbüffel, aus deren Milch der ‚echte' Mozzarella hergestellt wird.

Parmigiano-Reggiano

Parmesan oder richtiger Parmigiano-Reggiano erfreut sich überall auf der Welt so großer Beliebheit, dass jährlich etwa zwei Millionen solcher Käse hergestellt werden. Diese Zahl ist umso überraschender, wenn man bedenkt, dass der Käse nur in bestimmten Teilen der Emilia-Romagna produziert werden darf – und nach strengen Vorschriften. Nach einer Mindestreifezeit von 14 Monaten wird die Qualität des Käses geprüft. Dazu klopft man zunächst mit einem speziellen Hammer an die Rinde. Der Klang, der dabei entsteht, sagt etwas über die Beschaffenheit des Käses aus. Dann wird der Käse gekostet. Nur wenn er wirklich vollkommen im Geschmack ist, werden das Echtheitssiegel Parmigiano-Reggiano und das Erzeugungsjahr in die Rinde gebrannt.

Grana

Grana ist die allgemeine Bezeichnung für den Kuhmilch-Hartkäse aus der Poebene. Darunter fallen der Parmigiano-Reggiano und der Grano di Padana. Beide haben in der Regel sehr lange Reifezeit. Dadurch bekommt der Käse eine körnige Konsistenz und einen intensiven, fruchtigen Geschmack.

Gorgonzola

Der Gorgonzola, ein halbweicher Blauschimmelkäse mit intensivem Geschmack, kommt aus der Lombardei. Gorgonzola *dolce* ist ein junger Gorgonzola mit etwas milderem, süßlicherem Geschmack.

Mozzarella

‚Echt' – und besonders köstlich – sind die jungen, schneeweißen Käsebällchen nur, wenn sie aus Büffelmilch hergestellt sind. Büffel-Mozzarella schmeckt frischer und ist sehr viel weicher als der eher zähe Kuhmilch-Mozzarella.

Ricotta

Ricotta heißt ‚wieder gekocht', und genau so wird dieser Käse auch hergestellt. Die Molke (die Flüssigkeit, die bei der Herstellung eines anderen Käses anfällt) wird noch einmal erhitzt. Dabei gerinnt sie und nimmt jene quarkähnliche Konsistenz an, die charakteristisch für den Ricotta ist. Anschließend schöpft man die Ricottamasse ab, lässt sie abtropfen und verpackt den Käse.

Ricotta salata

Der sizilianische Ricotta salata wird genauso hergestellt wie einfacher Ricotta. Der Unterschied besteht lediglich darin, dass er gesalzen und gepresst wird, nachdem die Molke abgetropft ist.

Mascarpone

In Italien wird dieser weiche Frischkäse häufig wie Sahne verwendet. Mascarpone eignet sich ebenso für Süßspeisen wie für pikante Gerichte.

Fontina

Der echte Fontina kommt aus dem Aostatal. Es handelt sich um einen glatten Halbweichkäse. Junger Fontina hat einen frischen, milchartigen Geschmack. Nach einigen Monaten Reifezeit bekommt er eine leicht nussige Note. Fontina schmilzt gut und eignet sich hervorragend für heiße Gerichte und Aufläufe.

Pecorino

Pecorino ist die allgemeine Bezeichnung für den Schafskäse, der traditionell in Süd- und Mittelitalien hergestellt wird. Man kann ihn jung essen, in der Regel wird er jedoch erst verkauft, wenn er gut ausgereift ist und einen pikanten, relativ salzigen Geschmack hat. Am bekanntesten ist wohl der Pecorino *romano* aus Latium. Daneben gibt es noch eine ganze Reihe anderer Sorten wie zum Beispiel Pecorino *sardo* (aus Sardinien), Pecorino *toscano*, Pecorino *siciliano* etc.

Wie Seide legt sich eine dicke, sahnige Sauce auf die frischen Eiernudeln. So essen die meisten Norditaliener ihre Pasta am liebsten. Das unterscheidet sie von den Süditalienern, die anstelle von Butter und Sahne Olivenöl bevorzugen – eine Vorliebe, die daher rührt, dass sich Milchprodukte vor der Erfindung des Kühlschranks im Norden besser aufbewahren ließen als im heißen Süden. Darüber hinaus waren die saftigen grünen Wiesen im Norden besser für die Viehzucht geeignet als das felsige Land im Süden, wo man hauptsächlich Schafe hielt. In der italienischen Küche verwendet man im Allgemeinen zwei Arten von Sahne: *panna da cucina*, eine Art Crème double, und *panna da dolce* oder *da montare* (Schlagsahne). *Panna da cucina* wird vorwiegend für Pastasaucen und andere warme Speisen verwendet. Sie ist dicker und

Pasta mit Käse & Sahne

hat einen höheren Fettgehalt als Schlagsahne. Deshalb eignet sie sich hervorragend für gehaltvolle Saucen, wie man sie in Gerichten wie *Spaghetti all'Alfredo* findet. Für die meisten Rezepte in diesem Buch wurde herkömmliche Schlagsahne verwendet. Greifen Sie ruhig auch einmal auf andere Käsesorten als Parmesan und Pecorino zurück, um Ihren Saucen die gewünschte cremige Konsistenz zu verleihen. Und wenn Sie sich wegen der Kalorien Gedanken machen, ersetzen Sie den fetten Mascarpone (bis zu 90 Prozent Fett) einfach durch Ricotta mit einem Fettgehalt von 25 Prozent.

Die folgenden Rezepte sind für 4 Personen berechnet.

Stringhetti mit Safran

400 g Stringhetti all'uovo (mit Ei) oder Tagliolini
1 Messerspitze Safran
100 ml trockener Weißwein
Salz
250 g Sahne
100 g Parmesan, gerieben
1 Eigelb

1. Den Weißwein in einem Topf erhitzen, den Safran einrühren und einige Minuten bei geringer Hitze ziehen lassen.
2. Inzwischen die Nudeln in reichlich kochendem Salzwasser al dente garen.
3. Die Sahne und den Parmesan in den Wein rühren. Sobald der Käse geschmolzen ist, den Topf vom Herd nehmen und das Eigelb einrühren. Dabei darauf achten, dass sich keine Klümpchen bilden.
4. Die Nudeln abgießen und mit der Sauce vermengen. Auf kleine Schüsseln verteilen und sofort servieren.

Lasagne ‚Drei Käse'

1 Packung (500 g) Lasagneblätter, gegebenenfalls vorgekocht (bei den meisten Fertigprodukten ist dies nicht erforderlich)
100 g weicher Ziegenkäse, zerkrümelt
100 g Hartkäse, gerieben
100 g Parmesan, gerieben
1 EL Olivenöl + Olivenöl für die Form
1 Zwiebel, fein gehackt
3 Knoblauchzehen, durchgepresst
150 g Pilze, in dünne Scheiben geschnitten
1 rote Chilischote, entkernt und fein geschnitten
1 rote Paprikaschote, gewürfelt
1 grüne Paprikaschote, gewürfelt
2 Dosen (à 400 g) geschälte Tomaten
100 ml Tomatensaft (von den Dosentomaten)
Salz und Pfeffer

1. Den Backofen auf 200 °C (Umluft 180 °C, Gas Stufe 6) vorheizen.
2. Das Öl in einer Kasserolle erhitzen und die Zwiebel glasig anschwitzen. Den Knoblauch hinzufügen und 1–2 Minuten mitbraten.
3. Pilze, Chilischote und Paprikaschoten dazugeben und 1 Minute anbraten. Die Tomaten und den Tomatensaft hinzufügen und das Ganze etwa 5 Minuten köcheln lassen. Dann mit Salz und Pfeffer abschmecken.
4. Eine Auflaufform mit Olivenöl einfetten und den Boden dünn mit Tomatensauce bestreichen. Die Zutaten nun in der Reihenfolge Lasagneblätter, Tomatensauce, Ziegenkäse, Lasagneblätter, Tomatensauce, Hartkäse in dünnen Schichten in die Form füllen. Den Vorgang so lange wiederholen, bis alle Zutaten aufgebraucht sind. Den Abschluss sollte eine Schicht Tomatensauce bilden. Zum Schluss den Parmesan darüberstreuen.
5. Die Lasagne etwa 30 Minuten im Backofen garen, bis sie oben goldbraun ist.

Achten Sie bei Dosentomaten stets auf Qualität. Da die Italiener bei Tomaten großen Wert auf gute Qualität legen, sind italienische Dosentomaten eine gute Wahl.

Lasagne mit Mozzarella und Béchamelsauce

1 Packung (500 g) Lasagneblätter (siehe Rezept links)
3 Kugeln Mozzarella, in Scheiben geschnitten
1 EL Olivenöl + Olivenöl für die Form
1 Zwiebel, fein geschnitten
2 Knoblauchzehen, fein geschnitten
1 Aubergine, gewürfelt
1 grüne Paprikaschote, gewürfelt
1 Frühlingszwiebel, in Ringe geschnitten
1 kleine Handvoll Basilikumblätter, grob gehackt
Salz

Für die Béchamelsauce:
40 g Butter
40 g Weizenmehl, gesiebt
200 ml warme Vollmilch
200 ml Gemüsebrühe
Salz und Pfeffer
1 Messerspitze geriebene Muskatnuss

1. Den Backofen auf 200 °C (Umluft 180 °C, Gas Stufe 6) vorheizen.
2. Für die Béchamelsauce die Butter in einem Topf zerlassen und das Mehl einrühren. Unter Rühren nach und nach die Milch und die Brühe angießen, bis eine glatte Sauce entstanden ist. Mit Salz, Pfeffer und Muskatnuss abschmecken und den Topf vom Herd nehmen.
3. Das Öl in einer Pfanne erhitzen und die Zwiebel mit dem Knoblauch etwa 1 Minute darin anschwitzen. Die Aubergine hinzufügen und 1 Minute bei starker Hitze anbraten. Paprikaschote, Frühlingszwiebel und Basilikum dazugeben und 1 Minute unter Rühren anbraten.
4. Eine Auflaufform mit Olivenöl einfetten und den Boden mit Lasagneblättern auslegen. Eine Schicht Gemüse, eine Schicht Mozzarella und eine Schicht Béchamelsauce darauf verteilen. Den Vorgang so lange wiederholen, bis die Zutaten aufgebraucht sind. Den Abschluss sollten Mozzarellascheiben und eine Schicht Sauce bilden. Die Lasagne anschließend etwa 30 Minuten im Backofen garen, bis sie oben goldbraun ist.

Pappardelle alla carbonara mit grünem Spargel

400 g Pappardelle all'uovo (mit Ei)
10 Stangen grüner Spargel, geputzt und schräg in Scheiben geschnitten
1 EL Olivenöl
100 g gekochter Schinken, in Streifen geschnitten
125 g Sahne
100 g Parmesan, gerieben
2 Eigelb
Salz
frisch gemahlener schwarzer Pfeffer

1. Den Spargel 5 Minuten blanchieren und anschließend unter fließendem kaltem Wasser abschrecken.
2. Das Öl in einer Kasserolle erhitzen und den Schinken mit dem Spargel 1 Minute darin anbraten.
3. Sahne, Parmesan und die Eigelbe in einer Schüssel verrühren.
4. Die Nudeln in reichlich kochendem Salzwasser al dente garen, abgießen (dabei etwas Kochwasser auffangen), gut abtropfen lassen und wieder in den Topf füllen.
5. Die heißen Nudeln mit dem Schinken und dem Spargel mischen. Die Eiersahne hinzufügen und gut umrühren, damit sich die Sauce gleichmäßig verteilt. Ist sie zu dick, mit etwas Nudelwasser verdünnen.
6. Die Nudeln auf Teller verteilen, mit schwarzem Pfeffer übermahlen und sofort servieren.

Der Zusatz ‚all'uovo' auf der Nudelpackung bedeutet, dass der Pastateig mit Eiern zubereitet wurde. Eiernudeln sind herzhafter und intensiver im Geschmack als herkömmliche Pasta und schmecken am besten mit sahnigen Saucen.

Knoblauch

Knoblauch spielt eine Hauptrolle in Gerichten wie *Spaghetti con aglio e olio*, wo er das wichtigste Gewürz ist. Er ist aber auch Bestandteil einer Vielzahl anderer Pastasaucen, in denen er allerdings eine untergeordnete Rolle spielt und zur Geschmacksabrundung dient. Die köstliche italienische Knoblauchsorte mit den violetten Flecken und den saftigen Zehen ist vor allem aus der süditalienischen Küche nicht wegzudenken.

Neben der weißen ‚Standard'-Knolle, die bei uns in der Regel angeboten wird, gibt es noch etliche Sorten in verschiedenen Formen und Größen, deren Farbspektrum von Weiß und Hellgrün bis zu Pink und Violett reicht. Halten Sie doch einmal Ausschau danach. Inzwischen findet man sogar Züchtungen, die lediglich aus einer großen Zehe bestehen, was das Schälen erheblich erleichtert. Wenn Sie Ihren Knoblauch nicht so schnell verbrauchen wie die Italiener, kaufen Sie am besten nur einzelne Knollen und keine ganzen Zöpfe oder Netze, denn Knoblauch sollte möglichst frisch sein. Wenn Sie ihn länger aufbewahren wollen, sollten Sie ihn an einem kühlen, trockenen Platz – aber nicht im Kühlschrank – lagern.

Bitter?

Manche behaupten, sie mögen Knoblauch nicht, weil er einen bitteren Geschmack habe. Ein guter, frischer Knoblauch darf nicht bitter schmecken. Erst wenn er zu alt ist und die Zehen weich werden oder wenn sich grüne Keime bilden, verliert der Knoblauch seinen frischen, pikanten Geschmack und wird unangenehm bitter. Und beim Anbraten stets darauf achten, dass der Knoblauch nicht verbrennt (das geht sehr schnell), denn auch dann schmeckt er bitter.

Mundgeruch

Sie fürchten sich vor dem unangenehmen Knoblauchatem? Frische Petersilie ist das beste Mittel, um den Knoblauchgeruch zu neutralisieren. Einfach eine ordentliche Portion Petersilie kauen. Ein gutes Mittel sind auch Kaffeebohnen, die man zerkaut.

Schneiden oder pressen?

Knoblauch lässt sich leichter schälen, wenn man die Zehen vorher leicht zerdrückt. Dazu eine Messerklinge flach auf die Zehe legen und fest mit dem Handballen daraufdrücken. Die Schale springt dabei auf und lässt sich leicht abziehen, und schon kann der Knoblauch gehackt oder durchgepresst werden. Der Saft von durchgepresstem Knoblauch verleiht den Speisen ein intensiveres Knoblaucharoma, als wenn man die Zehen hackt oder schneidet. Deshalb bevorzugen viele das Hacken und Schneiden, und das ist auch der Grund, weshalb die Knoblauchzehen in vielen italienischen Rezepten im Ganzen mitgegart und vor dem Servieren entfernt werden.

Tortiglioni mit Tomatensauce und Parmesan

400 g Tortiglioni
4 Tomaten, geviertelt
100 g Parmesan, gerieben
Salz
1 EL Olivenöl
1 rote Zwiebel, halbiert und in Ringe geschnitten

1. Die Tortiglioni in reichlich kochendem Salzwasser al dente garen.
2. Inzwischen das Olivenöl in einer Kasserolle erhitzen und die Tomaten mit der Zwiebel etwa 5 Minuten bei mittlerer bis starker Hitze darin anbraten. Den Topf vom Herd nehmen und die Tomaten mit dem Stabmixer nicht zu fein pürieren.
3. Die Nudeln abgießen und mit der Sauce vermengen. Auf Schalen verteilen, mit dem Parmesan bestreuen und sofort servieren.

Bei der Zwiebel und der Schalotte handelt es sich um den unterirdisch wachsenden Teil einer Pflanze aus der Familie der Zwiebelgewächse, in dem die Nährstoffe gespeichert sind. Für den beißenden Geruch und das Tränen der Augen beim Schneiden ist eine schwefelhaltige Aminosäure verantwortlich, die in den Zellwänden enthalten ist. Rote Zwiebeln sind milder und haben einen süßlicheren Geschmack als weiße und gelbe.

Tagliatelle mit Gorgonzola und Salbei

400 g Tagliatelle all'uovo (mit Ei)
200 g Gorgonzola, zerkrümelt
1 kleine Handvoll Salbeiblätter, gehackt (einige Blätter zum Garnieren aufheben)
Salz
100 g Sahne

1. Die Tagliatelle in reichlich kochendem Salzwasser al dente garen.
2. Inzwischen die Sahne in einem Topf erhitzen und den Gorgonzola darin schmelzen. Den Salbei einrühren und den Topf vom Herd nehmen.
3. Die Nudeln abgießen und sofort mit der Sauce vermengen. Auf 4 Teller verteilen, mit Salbeiblättern garnieren und sofort servieren.

Mit seinen langen, samtigen, graugrünen Blättern ist der Salbei wohl das schönste aller Kräuter. Deshalb findet man ihn in den Gärten häufig auch als Zierpflanze. Überdies ist der Salbei eine winterharte Pflanze und bedarf keiner besonderen Pflege. Das ideale Kraut zum Selbstziehen also.

Ricotta-Gnocchi

1 EL Olivenöl
500 g Kirschtomaten, halbiert
1 Knoblauchzehe, fein geschnitten
½ rote Chilischote, entkernt und in feine Streifen geschnitten
100 g Parmesan, gerieben
1 kleine Handvoll Basilikumblätter, in Streifen geschnitten

Für die Gnocchi:
400 g Ricotta
100 g italienisches Hartweizenmehl *(semola di grano duro)*
+ Mehl zum Bestäuben der Arbeitsfläche
2 Eigelb
Salz und Pfeffer

1. Die Gnocchi-Zutaten in einer großen Rührschüssel vermengen und anschließend auf der bemehlten Arbeitsfläche zu einem glatten Teig verkneten.
2. Den Teig zu einer etwa 2 Zentimeter dicken Rolle formen und schräg in 2 Zentimeter breite Stücke schneiden.
3. Die Gnocchi portionsweise in reichlich kochendem Salzwasser garen, bis sie an die Oberfläche steigen. Mit einem Schaumlöffel oder einem Sieb herausheben und in einem Sieb abtropfen lassen.
4. Das Öl in einer Pfanne erhitzen und die Gnocchi rundherum kurz anbraten. Tomaten, Knoblauch und Chili dazugeben und das Ganze köcheln lassen, bis die Tomaten weich werden.
5. Die Gnocchi auf 4 Teller oder Schalen verteilen, mit Parmesan und Basilikum bestreuen und servieren.

Italienische Tomaten

Eine knallrote, sonnengereifte Tomate, gerade von der gegerbten Hand eines italienischen Bauern vom Strauch gepflückt ... Sie beißen hinein, und die zarte Frucht ist süßer, saftiger und aromatischer als alle Tomaten, die Sie je gegessen haben.

Dass die Tomate, die spanische Forschungsreisende in Europa einführten, in der italienischen Küche einen so herausragenden Platz bekam, ist kaum verwunderlich. Der Boden in Italien, das Klima, einfach alles bietet die idealen Voraussetzungen für den Anbau dieser Tomaten, die man mit Fug und Recht als die schönsten und schmackhaftesten der Welt bezeichnen kann. Bei Pasta denkt man fast automatisch an Tomatensauce, sei es nun eine einfache, nur mit Knoblauch und Kräutern verfeinerte *marinara*, eine gehaltvolle Tomaten-Sahne-Sauce oder ein herzhaftes winterliches Fleisch- oder Wildragout. Für welche Sauce Sie sich auch entscheiden, verwenden Sie stets frische, gute und reife Tomaten. Nur dann werden Sie den puren Geschmack italienischer Tomaten erzielen, der das Gericht erst abrundet. Wenn Sie keine prallen, frischen und roten Tomaten bekommen, greifen Sie getrost auf gute italienische Dosentomaten zurück. Denn der Tomatengeschmack bleibt selbst bei Dosenprodukten erhalten, und aromatische geschälte Tomaten sind eine weitaus bessere Alternative als wässrige, unreife Massenware.

Getrocknete Tomaten

Neben frischen Tomaten finden in der italienischen Küche auch verschiedene Tomatenprodukte Verwendung, mit denen man ebenfalls hervorragende Ergebnisse erzielen kann. Die sogenannten sonnengetrockneten Tomaten werden in Wirklichkeit in den meisten Fällen in Fabriken getrocknet. Was allerdings nicht bedeutet, dass sie deshalb weniger aromatisch sind. Getrocknete Tomaten *(pomodori secchi)* sollten vor der Zubereitung in heißem Wasser eingeweicht werden, wenn sie nicht in Öl eingelegt sind. In Öl eingelegte getrocknete Tomaten kann man direkt aus dem Glas verwenden.

Tomaten selbst trocknen

Im Sommer, wenn Tomaten in Hülle und Fülle preiswert angeboten werden, sollten Sie die Gelegenheit ergreifen und selbst getrocknete Tomaten herstellen. Zu dieser Jahreszeit sind die Tomaten oft schon sehr reif und müssen schnellstens weiterverarbeitet oder konserviert werden. Einfach einige Tüten voll kaufen und die Früchte halbieren. Anschließend mit Salz und Pfeffer bestreuen, mit Olivenöl beträufeln und mit der Schnittfläche nach oben in den warmen Backofen (50–100 Grad, Umluft 30–80 Grad, Gas Stufe 1) legen. Die Backofentür nicht ganz schließen, damit der Dampf entweichen kann. Je nach Backofen und Tomatensorte müssen die Tomaten etwa fünf bis sieben Stunden getrocknet werden. Die Geduld wird reich belohnt werden mit den köstlichsten, zartesten und süßesten getrockneten Tomaten.

Tomatenmark und Passata

Tomatenmark ist stark konzentriert. Man benötigt deshalb nur geringe Mengen davon, um den Speisen Farbe und Geschmack zu verleihen. *Passata* wird aus rohen Tomaten hergestellt, die püriert und passiert wurden, um Schalen und Samen zu entfernen. *Passata* wird gewöhnlich in kleinen Tetrapaks angeboten.

Maccheroncini mit Pancetta und Mascarpone

400 g Maccheroncini (kurze Makkaroni)
200 g Pancetta, in Streifen geschnitten
200 g Mascarpone
Salz
1 EL Olivenöl
1 Knoblauchzehe, fein geschnitten
200 g Sahne
200 ml Hühnerbrühe

1. Die Nudeln in reichlich kochendem Salzwasser al dente garen.
2. Inzwischen das Öl in einer Kasserolle erhitzen und den Pancetta unter Rühren knusprig braten. Den Knoblauch dazugeben und goldbraun anbraten.
3. Die Sahne und die Brühe angießen, gut umrühren, aufkochen und 2 Minuten bei geringer Hitze köcheln lassen. Anschließend den Mascarpone hinzufügen und so lange rühren, bis er sich aufgelöst hat.
4. Die Nudeln abgießen und mit der Sauce vermengen. Auf Teller verteilen und sofort servieren.

Die Vielfalt an Sahneprodukten ist groß, und dabei variiert der Fettgehalt zum Teil erheblich. Neben der ‚normalen' Schlagsahne (30–35 Prozent Fett) erfreuen sich in der Küche vor allem saure Sahne (10–20 Prozent Fett), Schmand (etwa 25 Prozent Fett), Crème fraîche (20–35 Prozent Fett) und Crème double (etwa 50 Prozent Fett) großer Beliebtheit. Für die meisten der in diesem Buch vorgestellten Rezepte wird ungeschlagene Schlagsahne verwendet, die jedoch nach Belieben jederzeit durch Crème fraîche ersetzt werden kann.

Pipe rigate mit Pecorino-Walnuss-Sauce

400 g Pipe rigate
100 g Pecorino, gerieben
200 g Walnusskerne, fein gehackt
Salz
1 EL Olivenöl
2 Knoblauchzehen, fein geschnitten
100 g Sahne
1 kleine Handvoll Basilikumblätter, gehackt

1. Die Nudeln in reichlich kochendem Salzwasser al dente garen.
2. Inzwischen das Öl in einer Kasserolle erhitzen und die Walnüsse 1 Minute anbraten. Den Knoblauch hinzufügen und 1 Minute goldbraun mitbraten.
3. Die Sahne angießen, gut umrühren und das Ganze einige Minuten köcheln lassen. Das Basilikum und den Pecorino einrühren und die Sauce noch einmal unter Rühren erhitzen.
4. Die Nudeln abgießen und mit der Sauce vermengen.
5. Auf tiefe Teller oder Schalen verteilen und sofort servieren.

Walnüsse sind reich an Alpha-Linolensäure, einer pflanzlichen Variante der Omega-3-Fettsäuren. Die Omega-3-Fettsäuren, die auch in Fisch enthalten sind, zählen zu den essenziellen Fettsäuren. Sie senken den Cholesterinspiegel im Blut und haben einen positiven Einfluss auf das Sehvermögen und den Gehirnstoffwechsel. Darüber hinaus enthalten Walnüsse die Aminosäure Arginin, die der Körper in Stickstoffmonoxid verwandelt, das den Blutfettgehalt reguliert und dazu beträgt, dass die Gefäße elastisch bleiben.

Vollkorn-Spaghetti mit Ziegenkäse und gerösteten Paprikaschoten

400 g Vollkorn-Spaghetti
150 g weicher Ziegenkäse, zerkrümelt
2 rote Paprikaschoten
2 gelbe Paprikaschoten
2 grüne Paprikaschoten
1 EL Olivenöl
3 Knoblauchzehen, fein geschnitten
1 EL Balsamicoessig
Salz
1 kleine Handvoll Petersilie, grob gehackt

1. Den Backofen auf 200 °C (Umluft 180 °C, Gas Stufe 6) vorheizen.
2. Die Paprikaschoten in eine Auflaufform legen und etwa 30 Minuten im Backofen rösten.
3. Die Form anschließend aus dem Ofen nehmen, mit Alufolie oder einem Geschirrtuch abdecken und wieder in den ausgeschalteten Backofen stellen. Sobald die Paprikaschoten abgekühlt sind, die Stiele, die Samen und die Schale (sie sollte sich jetzt ganz leicht abziehen lassen) entfernen. Den Saft auffangen und das Fruchtfleisch in schmale Streifen schneiden.
4. Das Öl in einer Pfanne erhitzen und den Knoblauch 1 Minute darin anschwitzen, ohne dass er Farbe annimmt. Anschließend die Paprikastreifen mit dem Saft und den Balsamicoessig hinzufügen.
5. Die Spaghetti in reichlich kochendem Salzwasser al dente garen, abgießen und mit den Paprikaschoten vermengen.
6. Die Nudeln auf 4 tiefe Teller verteilen, mit dem zerkrümelten Ziegenkäse und der Petersilie bestreuen und sofort servieren.

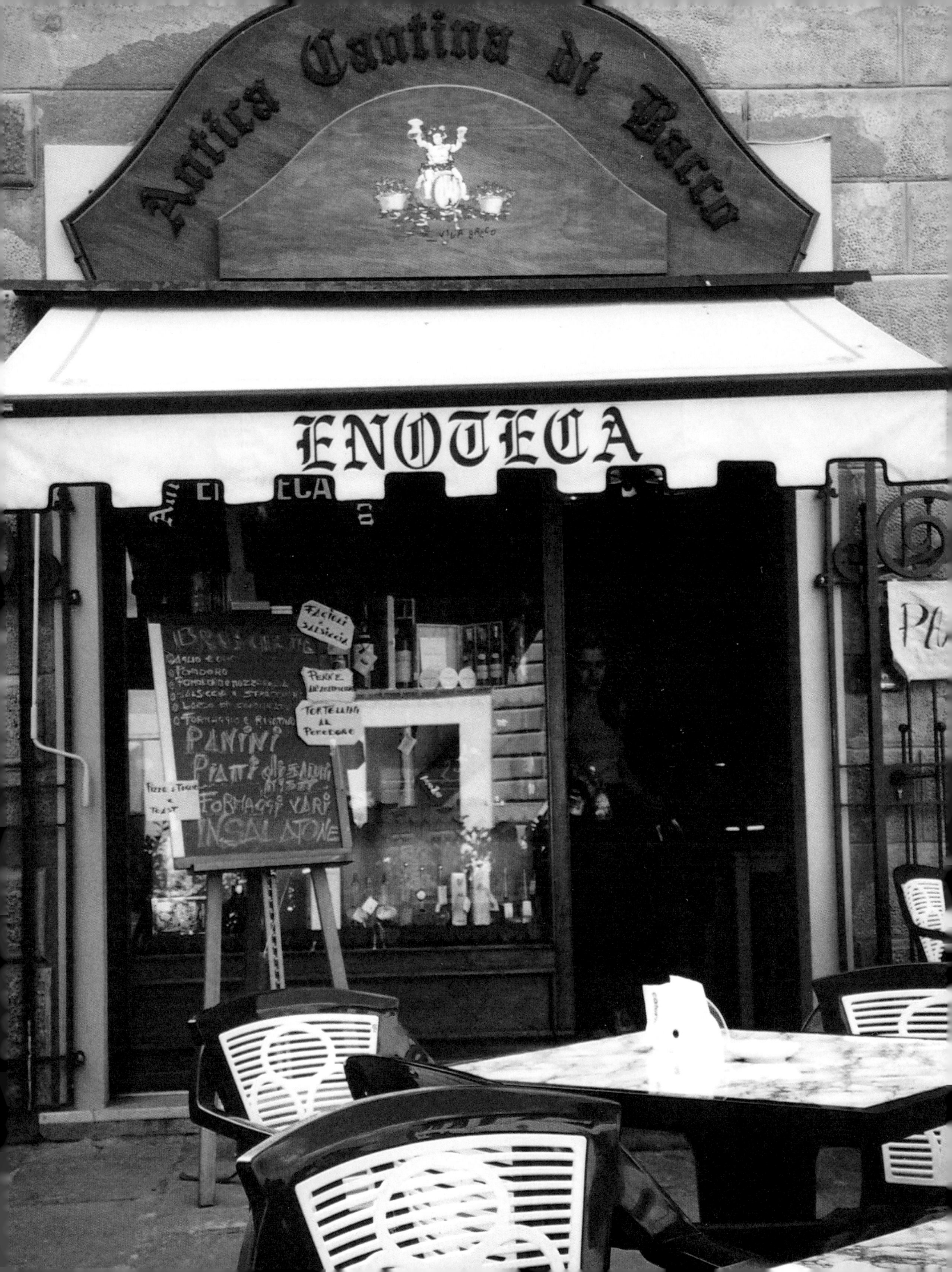
Antica Cantina di Bacco
ENOTECA
PANINI
FORMAGGI VARI
INSALATONE

Penne mit Birnen, Pistazien und Gorgonzola

400 g Penne
4 Tafelbirnen
2 EL grob gehackte Pistazien
200 g Gorgonzola, fein gewürfelt
1 EL Zitronensaft
Salz
1½ EL Butter
1 TL Zucker
2 EL Wodka
1 kleine Handvoll Petersilie, fein gehackt

1. Die Birnen schälen und die Kerngehäuse herausschneiden. Das Fruchtfleisch fein würfeln und mit dem Zitronensaft beträufeln.
2. Die Penne in reichlich kochendem Salzwasser al dente garen.
3. Inzwischen die Butter in einer großen Kasserolle zerlassen. Die Birnen und den Zucker und danach den Wodka und 1 Prise Salz hinzufügen. Den Alkohol kurz bei starker Hitze verdunsten lassen.
4. Die Nudeln abgießen und dabei 2 Esslöffel Kochwasser auffangen.
5. Die Penne mit dem Kochwasser unter die Birnen mischen. Den Gorgonzola, die Hälfte der Petersilie und die Hälfte der Pistazien dazugeben.
6. Die Nudeln auf tiefe Teller oder Schalen verteilen, mit der restlichen Petersilie und den restlichen Pistazien bestreuen und sofort servieren.

Pipe rigate mit Ricotta-Nuss-Sauce

400 g Pipe rigate
200 g Ricotta
200 g Cashewkerne, fein gemahlen
100 g Pinienkerne, fein gemahlen + 1 EL ganze Pinienkerne
Salz
1 EL Olivenöl
1 Knoblauchzehe, durchgepresst
100 g Sahne
100 g Parmesan, gerieben
1 Handvoll Rucola, gehackt
frisch gemahlener schwarzer Pfeffer

1. Die Nudeln in reichlich kochendem Salzwasser al dente garen.
2. Inzwischen das Öl in einer großen Pfanne erhitzen. Die Cashewkerne und die Pinienkerne etwa 2 Minuten darin anrösten. Den Knoblauch hinzufügen und 1 Minute anbraten.
3. Ricotta, Sahne, Parmesan, die ganzen Pinienkerne und den Rucola einrühren und das Ganze mit etwas schwarzem Pfeffer übermahlen.
4. Die Nudeln abgießen und sofort mit der Sauce vermengen. Noch einmal erhitzen, auf Schalen verteilen und sofort servieren.

Bei Birnen verbirgt sich unter so manch schöner Schale nicht selten eine herbe Enttäuschung, denn viele Sorten haben ein körniges, wenig aromatisches Fruchtfleisch. Lassen Sie sich also vom Aussehen nicht blenden und greifen Sie lieber zu den weniger schönen Exemplaren, die in der Regel ganz köstlich schmecken. Verwenden Sie für dieses Rezept am besten die Sorten Comice, Conference oder eine ähnliche Tafelbirne.

Fettuccine mit Spinat und Fontina

400 g Fettuccine
400 g Spinat, fein gehackt
200 g Fontina, fein gewürfelt
Salz
1 EL Olivenöl
1 Schalotte, fein gehackt
8 getrocknete Tomaten, in Streifen geschnitten und eingeweicht
2 EL Pinienkerne, bei sehr geringer Hitze ohne Fett in der Pfanne geröstet

1. Die Fettuccine in reichlich kochendem Salzwasser al dente garen.
2. Inzwischen das Öl in einer großen Pfanne erhitzen und die Schalotte glasig anbraten. Den Spinat dazugeben und bei starker Hitze zusammenfallen lassen. Die Tomatenstreifen und die Pinienkerne hinzufügen und das Ganze 1 Minute unter Rühren kochen lassen. Die Pfanne dann vom Herd nehmen.
3. Die Nudeln abgießen und mit dem Spinat und dem Fontina vermengen.
4. Auf Teller verteilen und sofort servieren.

Den meisten Profiköchen geht nichts über den feinen Geschmack der Schalotte. Zudem sind Schalotten besser verdaulich als die meisten herkömmlichen Zwiebelsorten. Der einzige Nachteil: Das Schälen und Schneiden ist noch ‚tränenreicher' als bei Zwiebeln.

Balsamicoessig

Aceto balsamico tradizionale di Modena

Dieser ‚balsamartige' Essig wird in Modena in speziellen Holzfässern erzeugt und benötigt eine lange Reifezeit. Ein paar Tropfen dieses samtigen, milden Essigs mit seinem unnachahmlich vielschichtigen Aroma genügen, um selbst aus der einfachsten Pasta etwas ganz Besonderes zu machen.

Echten Balsamicoessig bekommt man eigentlich nur in Delikatessengeschäften, auch wenn heute jeder Supermarkt einen sogenannten Balsamicoessig im Sortiment hat. Lassen Sie sich davon nicht täuschen. Diese Produkte haben wenig mit dem richtigen Balsamico zu tun. Echter Aceto balsamico tradizionale di Modena wird aus dem konzentrierten Most weißer Trebbiano-Trauben gekeltert und reift über Jahrzehnte, oft sogar ein halbes Jahrhundert, nacheinander in Fässern aus Kastanien-, Kirsch-, Eschen-, Maulbeer- und Wacholderholz, jedes kleiner als das vorherige. Die Fässer lagern in zugigen Speichern und werden bewusst extremer Hitze und Kälte ausgesetzt. Die Fässer sind nur zu zwei Dritteln gefüllt, damit der Sauerstoff mit dem Essig reagieren kann. Im Laufe der Zeit verdunstet ein großer Teil der Flüssigkeit, und übrig bleibt ein stark konzentrierter, dunkelbrauner, samtig milder, sirupartiger Essig mit unnachahmlich vielschichtigem Aroma, der so gut schmeckt, dass man ihn sogar aus Espressotassen trinkt.

Tradizionale

Das Problem ist, dass die Bezeichnung Aceto balsamico nicht sehr gut geschützt ist. Wenn dem so wäre, dürften in Supermärkten nicht braune Essige als echter Balsamico angeboten werden. Nicht, dass mit diesen Essigen etwas nicht in Ordnung wäre, es handelt sich in der Regel um wirklich ordentliche Weinessige, die mit Karamell versetzt wurden, um ihnen eine dunklere Farbe und einen süßeren Geschmack zu verleihen. Was ihnen fehlt, ist der jahrzehntelange Reifungsprozess in Holzfässern, das köstliche, vielschichtige Aroma und die zähflüssige Konsistenz, die einen echten Balsamico auszeichnen. Die Angabe ‚di Modena' auf dem Etikett ist nicht, wie viele glauben, die geschützte Herkunftsbezeichnung. Die Bezeichnung ‚tradizionale' dürfen allerdings nur Essige tragen, die mindestens zwölf Jahre im Holzfass ausgebaut wurden.

Qualität

In Fachgeschäften findet man gelegentlich Balsamicoessig ohne die Bezeichnung ‚tradizionale', die ebenfalls im Holzfass gereift sind und eine gute Qualität haben. Ein guter Aceto balsamico hat eine sirupartige Konsistenz und enthält weder künstliche Farbstoffe noch sonstige Zusatzstoffe. Manchmal muss man ein wenig herumprobieren. Der Preis kann ebenfalls ein Anhaltspunkt sein. Eine kleine Flasche (in der Regel 100 Milliliter) kostet zwischen 20 und 25 Euro. Ein echter Aceto balsamico tradizionale kann sogar leicht das Doppelte kosten – eine Ausgabe, die sich in jedem Fall lohnt, denn damit haben Sie ein wahres ‚Juwel' erworben, und noch dazu ein besonders schmackhaftes. Ein paar Tropfen – und Ihre frischen Speisen und einfachen Saucen bekommen ein völlig neues Gesicht. Achten Sie aber darauf, dass Sie das wertvolle Aroma nicht mit zu vielen anderen Zutaten zudecken. Für die meisten Pastasaucen ist ein weniger teurer Balsamicoessig ausreichend.

Kalte Pastasalate mit Gemüse, Hähnchenfleisch oder Meeresfrüchten sind in der Regel nicht Bestandteil der traditionellen italienischen Küche. Sie haben sich vermutlich Ende des vergangenen Jahrhunderts aus der australischen Fusion-Cuisine entwickelt. Heute serviert man sie aber auch in Italien, wo sie gewöhnlich mit Olivenöl und Essig angemacht werden. Für Salate verwendet man eher kurze Nudeln, weil sie einfach besser zu dem grob geschnittenen Gemüse (das in der Regel die gleiche Größe hat wie die Pasta) passen. Die Nudeln müssen nach dem Kochen kurz unter fließendem kaltem Wasser abgeschreckt werden, damit sie schneller abkühlen und nicht weitergaren. Dabei wird außerdem die Stärke abgespült, die in einem kalten Salat klebrig werden würde. (In warmen Pastagerichten trägt die Stärke dazu bei, dass

Pastasalate

die Saucen an den Nudeln haften bleibt. Deshalb Nudeln nur abschrecken, wenn man sie kalt verwenden will.) Achten Sie darauf, dass die Pasta nicht im Wasser liegt. Lassen Sie sie gut abtropfen und machen sie dann sofort mit Olivenöl oder einem Dressing (bei Mayonnaisedressings die Nudeln erst dazugeben, wenn sie vollständig erkaltet sind) an. Pastasalate sind wunderbar abwechslungsreich und sättigend. Und sie halten sich selbst nach dem Anmachen einige Zeit im Kühlschrank – es sei denn, sie enthalten Frischfleisch oder Meeresfrüchte. Deshalb eignen sie sich auch perfekt für Picknicks und Grillfeste.

Die folgenden Rezepte sind für 4 Personen berechnet.

Penne mit Käse und Avocado

400 g Penne
200 g Hartkäse, fein gewürfelt
1 reife Avocado, fein gewürfelt
Salz
1 rote Zwiebel, halbiert und in Ringe geschnitten
4 Tomaten, entkernt und klein geschnitten
1 kleine Handvoll frische Korianderblätter, gehackt
Saft von 2 Limetten

1. Die Penne in reichlich kochendem Salzwasser al dente garen.
2. Die Nudeln abgießen, kurz unter fließendem kaltem Wasser abschrecken und anschließend in einem Sieb gut abtropfen lassen. Die abgetropften Nudeln in eine große Schüssel füllen.
3. Käsewürfel, Zwiebel, Tomaten, Koriander und Avocado mit den Nudeln vermengen und den Salat mit Limettensaft abschmecken.

Mezzi Rigatoni mit Zuckerschoten und Thunfisch

400 g Mezzi Rigatoni
200 g Zuckerschoten, bissfest gekocht und abgekühlt
1 Dose Thunfisch in Öl, abgetropft
Salz
1 EL Olivenöl
1 Zwiebel, fein geschnitten
2 Knoblauchzehen, durchgepresst
4 Tomaten, entkernt und klein geschnitten
12 entsteinte schwarze Oliven, halbiert
1 kleine Handvoll Basilikumblätter, gehackt

1. Die Nudeln in reichlich kochendem Salzwasser al dente garen.
2. Inzwischen das Öl in einer Pfanne erhitzen und die Zwiebel mit dem Knoblauch 1 Minute darin anschwitzen. Die Pfanne anschließend vom Herd nehmen.
3. Die Nudeln abgießen, kurz unter fließendem kaltem Wasser abschrecken und in einem Sieb gut abtropfen lassen. Die abgetropften Nudeln in eine große Schüssel füllen.
4. Die Nudeln mit Zwiebel, Knoblauch, Tomaten, Zuckerschoten, Oliven, Thunfisch und Basilikum vermengen.
5. In kleinen Schüsseln anrichten und servieren.

Es gibt mehr als 500 Avocadosorten. Einige sind nur so groß wie ein Daumen, andere (vor allem die Avocados aus der Karibik) bringen dagegen fast zwei Pfund auf die Waage. Die Frucht zum Schälen am besten rundherum der Länge nach bis zum Kern einschneiden. Die beiden Hälften dann leicht gegeneinanderdrehen und auseinandernehmen.

Am einfachsten lassen sich Oliven entsteinen, wenn man sie auf eine ebene Unterlage legt und sie mit einem Metallspatel oder etwas Ähnlichem gegen die Unterlage presst und dabei leicht vor und zurück bewegt. Der Kern sollte sich dann ganz leicht entfernen lassen.

Fusilli bucati mit Bresaola und Rucola

400 g Fusilli bucati
Salz
100 g Bresaola, in schmale Streifen geschnitten
150 g Rucola
3 EL Pinienkerne, bei sehr geringer Hitze ohne Fett in der Pfanne geröstet
2 Knoblauchzehen, fein geschnitten
100 g Parmesan, gerieben
4 EL Olivenöl

1. Die Nudeln in reichlich kochendem Salzwasser al dente garen und anschließend unter fließendem kaltem Wasser abschrecken.
2. Für das Pesto Rucola, Pinienkerne, Knoblauch und Parmesan im Mixer pürieren und zum Schluss das Olivenöl unterrühren.
3. Die erkalteten Nudeln mit dem Pesto und dem Bresaola vermengen und als Salat servieren.

2004 ging der Astronaut André Kuipers bei seiner Weltraummission der Frage nach, ob Pflanzen zum Wachsen die Schwerkraft brauchen. Er zog aus Samen Rucolapflanzen und beobachtete, dass die Triebe planlos in alle Richtungen wuchsen. Die Schwerkraft bestimmt also die Wuchsrichtung der Pflanzen.

Schwarze Linguine mit Tintenfischsalat

400 g schwarze Linguine
1 kleiner Tintenfisch
Salz
5 EL Olivenöl
50 ml trockener Weißwein
1 rote Zwiebel, in Ringe geschnitten
½ rote Paprikaschote, gewürfelt
½ gelbe Paprikaschote, gewürfelt
1 Knoblauchzehe, durchgepresst
Saft von 1 Zitrone
1 Zweig Rosmarin, die Blätter fein gehackt
1 Zweig Thymian, die Blätter fein gehackt
10 entsteinte schwarze Oliven, gehackt

1. Einen großen Topf mit Wasser füllen. Das Wasser aufkochen lassen und salzen. Den Tintenfisch hineingleiten lassen, die Wärmezufuhr verringern und den Tintenfisch etwa 1 Stunde kochen lassen. Er ist gar, wenn sich das Fleisch an der dicksten Stelle mühelos mit einem Messer einstechen lässt.
2. Den Tintenfisch kurz unter fließendem kaltem Wasser abschrecken und die schleimige Substanz zwischen den Tentakeln entfernen. Den Tintenfisch anschließend klein schneiden.
3. In einer großen Schüssel das Öl mit dem Weißwein verrühren. Die restlichen Zutaten bis auf die Linguine hinzufügen und mit etwas Salz und gegebenenfalls etwas Zitronensaft (der Salat sollte ein bisschen säuerlich sein) abschmecken. Den Salat vor dem Servieren mindestens 2 Stunden, am besten sogar über Nacht durchziehen lassen, damit die Zutaten ihr Aroma entfalten können.
4. Die Linguine in reichlich kochendem Salzwasser al dente garen.
5. Die Nudeln abgießen, kurz unter fließendem kaltem Wasser abschrecken und in einem Sieb gut abtropfen lassen.
6. Die Nudeln auf Teller verteilen und den Tintenfischsalat darauf anrichten.

Das Fleisch großer Tintenfische mit dicken Tentakeln kann unter Umständen recht zäh sein. Aus diesem Grund schlug man die Tiere früher in Spanien mehrmals gegen die Klippen. Heute erzielt man den gleichen Effekt durch Tiefgefrieren.

Gnocchi mit frischem Krebsfleisch und Rucola

400 g Gnocchi (nicht die Klößchen, sondern die Nudeln)
200 g frisches Krebsfleisch
50 g Rucola, gehackt
2 Knoblauchzehen, fein geschnitten
1 kleine Handvoll frischer Schnittlauch, in Röllchen geschnitten
Saft von 2 Limetten
1 EL Olivenöl
Salz und Pfeffer

1. Die Nudeln in reichlich kochendem Salzwasser al dente garen.
2. Inzwischen das Krebsfleisch mit Knoblauch, Schnittlauch, Rucola und Limettensaft vermengen. Das Öl unterrühren und mit Salz und Pfeffer abschmecken.
3. Die Nudeln abgießen, kurz unter fließendem kaltem Wasser abschrecken und in einem Sieb gut abtropfen lassen.
4. Die Nudeln mit dem Krebsfleisch vermengen und den Salat etwa 30 Minuten durchziehen lassen, damit die Zutaten ihr Aroma entfalten können. Anschließend auf 4 Teller verteilen und servieren.

Rucola ist reich an Vitamin C, hat jedoch auch einen hohen Nitratgehalt. Deshalb sollte man ihn nicht in größeren Mengen essen. Für Personen mit einem Körpergewicht von 70 Kilogramm liegt die empfohlene tägliche Höchstmenge an Nitrat bei 260 Milligramm. Das entspricht gerade mal 20 Gramm Rucola.

Die Paprikaschote gehört zur gleichen Familie wie die Chilischote. Grüne Paprikaschoten sind nichts anderes als unreife rote Paprikaschoten. Bei den gelben, orangefarbenen und violetten Paprikaschoten handelt es sich um spezielle Züchtungen.

Mezzi Rigatoni mit Hähnchenfilet und Spargel

400 g Mezzi Rigatoni
200 g Hähnchenfilet, in Würfel geschnitten
500 g Spargel, geschält, in Stücke geschnitten und bissfest gegart
Salz
1 EL Olivenöl
2 Knoblauchzehen, fein geschnitten
1 gelbe Paprikaschote, gewürfelt
500 g Kirschtomaten, halbiert
1 kleine Handvoll frischer Schnittlauch, in Röllchen geschnitten

Für das Dressing:
1 Eigelb
1 TL Senf
1 TL Honig
100 ml Gemüsebrühe
1 EL Balsamicoessig
5 EL Maiskeimöl
Salz

1. Die Nudeln in reichlich kochendem Salzwasser al dente garen.
2. Inzwischen das Olivenöl in einer Pfanne erhitzen und den Knoblauch kurz darin anschwitzen. Das Fleisch dazugeben und etwa 2 Minuten goldbraun durchbraten.
3. Für das Dressing Eigelb, Senf, Honig, Brühe und Essig mit dem Handmixer verrühren und dabei das Öl in einem feinen Strahl einlaufen lassen. So kann das Öl emulgieren, und die Sauce bekommt eine schöne glatte Konsistenz. Gegebenenfalls noch mit Salz abschmecken und noch etwas Honig oder Öl hinzufügen.
4. Die Nudeln abgießen, kurz unter fließendem kaltem Wasser abschrecken und in einem Sieb abtropfen lassen. Die abgetropften Nudeln in eine große Schüssel füllen.
5. Das Fleisch, das Gemüse und den Schnittlauch zu den Nudeln geben, das Dressing darübergießen und alles vorsichtig vermengen. Auf Schalen verteilen und servieren.

Fusilli mit Lachs und Meeresfrüchten

400 g Fusilli
100 g Lachsfilet, in Würfel geschnitten
100 g Tintenfisch, klein geschnitten
12 rohe Scampi, geschält und die Därme entfernt
100 g frisches Krebsfleisch
Salz
1 EL Olivenöl
1 rote Zwiebel, halbiert und in Ringe geschnitten
1 Frühlingszwiebel, in dünne Ringe geschnitten
12 entsteinte schwarze Oliven
2 EL Joghurt
1 EL Balsamicoessig
1 kleine Handvoll Dill, grob gehackt + etwas Dill zum Garnieren

1. Die Fusilli in reichlich kochendem Salzwasser al dente garen.
2. Inzwischen das Olivenöl in einer Pfanne erhitzen und den Tintenfisch etwa 2 Minuten darin anbraten. Den Lachs und die Scampi dazugeben, das Ganze noch 1 Minute kochen lassen und die Pfanne dann vom Herd nehmen.
3. Das Krebsfleisch, Zwiebel, Frühlingszwiebel und die Oliven vorsichtig unterheben und abkühlen lassen.
4. Die Nudeln abgießen, kurz unter fließendem kaltem Wasser abschrecken und in einem Sieb abtropfen lassen. Die abgetropften Nudeln in eine große Schüssel füllen.
5. Aus Joghurt, Essig und Dill eine Sauce rühren und mit Salz abschmecken.
6. Die Nudeln unter die Meeresfrüchte heben und das Dressing darübergeben. Den Salat in tiefen Tellern anrichten und mit Dill bestreuen.

Dill spielt in der osteuropäischen und skandinavischen Küche eine wichtige Rolle. Eines der bekanntesten Gerichte mit Dill ist der schwedische Gravad Lax, ein mit Dill gebeizter Lachs.
Dill sollte niemals stark erhitzt werden, da er sonst seinen ausgeprägten, an Anis erinnernden Geschmack verliert. Neben den dünnen Blättern sind auch die Stiele sehr aromatisch, nur die Samen können etwas bitter schmecken.

Penne mit Thunfisch-Tapenade

400 g Penne
Salz

Für die Thunfisch-Tapenade:
1 Dose Thunfisch in Öl, abgetropft
100 g entsteinte schwarze Oliven, fein gehackt
1 EL Kapern, fein gehackt
10 Sardellenfilets (aus der Dose), fein gehackt
100 ml Olivenöl
4 sonnengetrocknete Tomaten in Öl, fein gehackt
2 EL frisch gehacktes Basilikum
1 EL Zitronensaft

1. Die Penne in reichlich kochendem Salzwasser al dente garen.
2. Die Nudeln abgießen, kurz unter fließendem kaltem Wasser abschrecken und in einem Sieb abtropfen lassen. Die abgetropften Nudeln in eine große Schüssel füllen.
3. Die Tapenade-Zutaten miteinander vermengen und die Tapenade über die Nudeln geben. In kleinen Salatschüsseln servieren.

Orecchiette mit Bohnen und Rosinen

400 g Orecchiette
1 Dose (400 g) Limabohnen
200 g grüne Bohnen, bissfest gegart und abgeschreckt
2 EL Rosinen
1 EL Weißweinessig
1 EL Zucker
100 ml Gemüsebrühe
1 EL Olivenöl
1 rote Zwiebel, halbiert und in Ringe geschnitten
½ rote Chilischote, entkernt und in feine Ringe geschnitten
1 kleine Handvoll Petersilie, fein geschnitten
Salz und frisch gemahlener Pfeffer

1. Für das Dressing den Essig in einem kleinen Topf mit dem Zucker und der Brühe verrühren und bei geringer Wärmezufuhr erhitzen, bis sich der Zucker aufgelöst hat. Die Mischung anschließend in eine große Schüssel gießen.
2. Öl, Rosinen, Bohnen, Zwiebel, Chili und Petersilie in die Schüssel geben, mischen und das Ganze etwa 30 Minuten durchziehen lassen.
3. Inzwischen die Nudeln in reichlich kochendem Salzwasser al dente garen.
4. Die Nudeln abgießen, kurz unter fließendem kaltem Wasser abschrecken und in einem Sieb abtropfen lassen. Die abgetropften Nudeln in eine große Schüssel füllen.
5. Die Nudeln mit der Bohnenmischung vermengen, mit Salz und frisch gemahlenem Pfeffer abschmecken und in kleinen Schüsseln servieren.

Rosinen bestehen zu 90 Prozent aus Zucker. Dabei handelt es sich zur Hälfte um Fruktose und zur Hälfte um Glukose. Werden die Rosinen über längere Zeit gelagert, kann der Zucker auskristallisieren, und die Rosinen schmecken mehlig. Deshalb sollte man sie vor der Zubereitung in Flüssigkeit – Alkohol, Fruchtsaft, Tee oder Kochwasser – einweichen, damit sich der kristallisierte Zucker wieder auflöst.

Warenkunde

Oliven & Kapern

Mit einer Handvoll Oliven und ein paar Löffeln Kapern können Sie eine einfache Tomatensauce in eine Delikatesse verwandeln. Mit Aubergine und Paprika wird daraus die Sauce für *Spaghetti alla siracusana,* und wenn Sie Sardellen nehmen, wird es die Sauce für *Spaghetti alla puttanesca.* Oliven und Kapern verleihen jedem Gericht eine mediterrane Note.

Essen Sie einmal eine frisch vom Baum gepflückte Olive – Sie werden eine bittere Überraschung erleben! Unbehandelte Oliven sind ungenießbar. In der Regel behandelt man sie mit Salzwasser. In Italien kennt man dafür verschiedene Verfahren. Im Allgemeinen werden die frischen Oliven zunächst in Wasser gewaschen und anschließend in einer Salzlösung gekocht. In dieser Salzlösung lässt man sie einen Monat liegen, und dann wird der Prozess noch einmal wiederholt. Danach dauert es nochmals einen Monat, bis sie ihren bitteren Geschmack verloren haben und zum Verzehr geeignet sind. Gelegentlich legt man sie auch mit Kräutern, Knoblauch, Chilischoten oder Gewürzen in Olivenöl ein, um ihnen einen angenehmen Geschmack zu verleihen. Das Verfahren ist bei grünen und schwarzen Oliven mehr oder weniger das gleiche.

Grün oder schwarz

Die Farbe sagt nichts über die Sorte aus, sondern über den Reifegrad.
Wenn die Oliven am Baum reifen, wechselt die Farbe mit zunehmender Reife von Grün zu Violett und eventuell Schwarz.

Kapern

Bei Kapern handelt es sich um die kleinen Blütenknospen des Kapernstrauchs. Wenn Sie genau hinsehen, können Sie die kleinen Blütenblätter erkennen. Kapern gibt es in verschiedenen Formen und Größen. Besonders große sind häufig sehr scharf, während die ganz kleinen den feinsten Geschmack haben. Kapern werden von Hand gepflückt und anschließend in Essig oder Salzlake eingelegt – oder beidem, wie man sie im Handel auch oft findet. Viele Italiener glauben, Kapern verlören ihren Geschmack, wenn man sie in Essig einlegt. Tatsächlich lohnt es sich, nach echten italienischen, in Salzlake eingelegten Kapern Ausschau zu halten. Denn sowohl der Geschmack als auch die Konsistenz unterscheiden sich deutlich von in Essig eingelegten Kapern. Die Kapern vor der Zubereitung kurz in kaltem Wasser entsalzen und abtropfen lassen. Erst dann kann sich ihr einzigartiges Aroma entfalten.

Kapernbeeren

Kapernbeeren sind die Früchte des Kapernbuschs. Sie sind größer als die Blütenknospen und werden mit Stielen verkauft.

Wer jemals die Gelegenheit hat, einer italienischen Hausfrau dabei zuzusehen, wie sie vergnügt plaudernd und mit flinken Händen Tortellini formt, wird feststellen, dass das Nudelmachen mit der Zeit wie von selbst geht. Auch gefüllte Pasta gibt es in den unterschiedlichsten Formen. Ravioli sind quadratisch, Agnolotti halbmondförmig, Pansotti dreieckig, und Fagottini sehen aus wie kleine Briefumschläge.

Tortellini sind Halbmonde und Cappellacci Dreiecke, bei denen die Ecken nach innen eingeschlagen werden. Letztere sehen ein bisschen wie Bischofsmützen aus. Sie eignen sich hervorragend als Vorspeise für besondere Gelegenheiten und werden gewiss jeden durch ihre aufwendige Form beeindrucken.

Und eine Lasagne zum Beispiel ist ideal, wenn man viele Personen verköstigen muss. Denn

Gefüllte Pasta

man kann sie bereits im Voraus zubereiten und unmittelbar vor dem Servieren backen.

Gut verpackt halten sich frische Ravioli bis zu zwei Tage im Kühlschrank. Wenn es die Füllung erlaubt, kann man sie sogar einfrieren. Die Ravioli dazu zunächst auf einem Tablett in die Gefriertruhe stellen (dabei darauf achten, dass sie sich nicht berühren, weil sie sonst zusammenkleben). Sobald sie gefroren sind, müssen sie nur noch in Gefrierdosen oder -beutel gefüllt werden. Die Ravioli erst unmittelbar vor der Zubereitung aus der Kühltruhe nehmen und sofort in reichlich kochendes Wasser geben (gegebenenfalls zwei Töpfe benutzen). Die Kochzeit ist nicht viel länger als bei frischen Ravioli.

Die folgenden Rezepte sind für 4 Personen berechnet.

‚Pasta-Bonbons' mit Räucherlachs und Zitronen-Sahne-Sauce

Für den Pastateig:
300 g italienisches Pastamehl (Type 00) (ersatzweise Weizenmehl Type 405)
3 Eier
½ TL Salz + Salz für das Kochwasser

Für die Füllung und die Sauce:
100 g Räucherlachs, klein gezupft
100 g frischer Lachs, in Würfel geschnitten
200 g Ricotta
Saft und abgeriebene Schale von 1 unbehandelten Zitrone
1 kleine Handvoll frischer Schnittlauch, in Röllchen geschnitten
125 g Crème fraîche
Salz und Pfeffer

1. Das Mehl auf die Arbeitfläche sieben und eine Mulde in die Mitte des Mehlbergs drücken. Die Eier und das Salz hineingeben. Mit einer Gabel vorsichtig von der Mitte nach außen rühren, bis das Mehl vollständig mit den Eiern vermischt ist. Den Teig anschließend 10–15 Minuten durchkneten, bis er weich und elastisch ist. In Frischhaltefolie einschlagen und 30 Minuten ruhen lassen.
2. Für die Füllung den Lachs mit dem Ricotta, 1 Esslöffel Zitronenschale und der Hälfte des Schnittlauchs vermengen.
3. Den Pastateig ausrollen und etwa 8 x 5 Zentimeter große Rechtecke daraus ausschneiden. Jeweils 1 Löffel Füllung daraufsetzen und der Länge nach aufrollen. Die Enden zusammendrücken und wie ein Bonbonpapier zusammendrehen.
4. Die Bonbons etwa 5 Minuten in reichlich kochendem Salzwasser garen.
5. Für die Sauce Crème fraîche, Zitronensaft und den restlichen Schnittlauch verrühren und mit Salz und Pfeffer abschmecken.
6. Die Pasta-Bonbons abgießen, gut abtropfen lassen und auf Teller verteilen. Die Sauce getrennt dazu reichen.

Tortellini mit Kalbfleisch und Parmesan

Für den Pastateig:
300 g italienisches Pastamehl (Type 00) (ersatzweise Weizenmehl Type 405)
3 Eier
½ TL Salz + Salz für das Kochwasser

Für die Füllung:
100 g Kalbshackfleisch
1 kleine Handvoll frische gemischte Kräuter (z. B. Petersilie, Estragon und Basilikum), fein geschnitten
1 Ei, verquirlt
Salz und Pfeffer
etwa 100 g Parmesan, gerieben

1. Das Mehl auf die Arbeitfläche sieben und eine Mulde in die Mitte des Mehlbergs drücken. Die Eier und das Salz hineingeben. Mit einer Gabel vorsichtig von der Mitte nach außen rühren, bis das Mehl vollständig mit den Eiern vermischt ist. Den Teig anschließend 10–15 Minuten durchkneten, bis er weich und elastisch ist. In Frischhaltefolie einschlagen und 30 Minuten ruhen lassen.
2. Für die Füllung das Fleisch mit dem Ei und den Kräutern vermengen, mit Salz und Pfeffer abschmecken und so viel Parmesan dazugeben, dass die Farce schön fest wird.
3. Den Tortelliniteig auf der trockenen, bemehlten Arbeitsfläche zu etwa 2 Millimeter dünnen Rechtecken ausrollen. Mit einem runden, gezackten Ausstecher kleine Kreise ausstechen. Jeweils 1 Löffel Füllung in die Mitte setzen und die Ränder etwas anfeuchten. Die Kreise zu Halbmonden falten und die Ränder vorsichtig andrücken. Die Spitzen nach innen biegen und fest zusammendrücken, damit die Tortellini beim Kochen nicht aufgehen.
4. Die Tortellini 3–4 Minuten in reichlich kochendem Salzwasser garen, abgießen und gut abtropfen lassen.
5. Auf 4 Teller verteilen, mit dem restlichen Parmesan bestreuen und sofort servieren.

Ravioli mit Paprikaschote, Ricotta, Aubergine und Mascarpone

1 rote Paprikaschote, gewürfelt
100 g Ricotta
1 Aubergine, ⅓ fein gewürfelt, der Rest halbiert und in Scheiben geschnitten
50 g Mascarpone
4 EL Olivenöl
Salz und Pfeffer
6 Knoblauchzehen, in dünne Scheiben geschnitten
12 Basilikumblätter, in schmale Streifen geschnitten
2 EL entsteinte schwarze Oliven, halbiert
2 EL Balsamicoessig

Für den Pastateig:
300 g italienisches Pastamehl (Type 00) (ersatzweise Weizenmehl Type 405)
3 Eier
½ TL Salz + Salz für das Kochwasser

1. Das Mehl auf die saubere Arbeitfläche sieben und eine Mulde in die Mitte des Mehlbergs drücken. Die Eier und das Salz hineingeben. Mit einer Gabel vorsichtig von der Mitte nach außen rühren, bis das Mehl vollständig mit den Eiern vermischt ist. Den Teig anschließend 10–15 Minuten durchkneten, bis er weich und elastisch ist. In Frischhaltefolie einschlagen und 30 Minuten ruhen lassen.

2. Für die Füllung die Hälfte der Paprikawürfel und die Auberginenwürfel einige Minuten in 1 Esslöffel Öl anbraten. Ricotta und Mascarpone einrühren und mit Salz und Pfeffer abschmecken.

3. Den Ravioliteig auf der trockenen, bemehlten Arbeitsfläche zu etwa 2 Millimeter dünnen Rechtecken ausrollen. Die Füllung entlang einer gedachten Linie in der Mitte des Rechtecks in regelmäßigen Abständen in kleinen Häufchen auf den Teig setzen. Den Teig rund um die Füllung mit einem nassen Pinsel anfeuchten. Die andere Teighälfte darüberklappen und den Teig rund um die Füllungen leicht andrücken. Mit einem Teigrädchen oder einem scharfen Messer quadratische Ravioli ausschneiden und die Ränder mit den Zinken einer Gabel fest zusammendrücken.

4. Den Knoblauch im restlichen Öl kurz anbraten. Die Auberginenscheiben dazugeben und etwa 2 Minuten braten. Die restlichen Paprikawürfel hinzufügen und alles noch 1 Minute braten. Die Herdplatte anschließend ausschalten und das Basilikum unterrühren.

5. Die Ravioli etwa 3 Minuten in reichlich kochendem Salzwasser garen.

6. Die Auberginen-Paprika-Mischung auf Teller verteilen, die Ravioli abgießen und darauf anrichten, mit Oliven garnieren, mit Balsamicoessig beträufeln und sofort servieren.

Die Aubergine war ursprünglich in Asien beheimatet. Sie gehört der gleichen Familie wie die Tomate an. In den westlichen Ländern kennt man eigentlich nur die große violette Variante, es gibt aber auch kleine weiße, eierförmige Auberginen, weshalb man die Aubergine auch ‚Eierfrucht' nennt. Daneben gibt es auch rosafarbene, gelbe, grüne und gesprenkelte Sorten. In der thailändischen Küche erfreuen sich Miniauberginen großer Beliebtheit, die gerade einmal so groß sind wie Murmeln.

Agnolotti mit Artischocken-Mousse und Tomatensauce

Für den Pastateig:

300 g italienisches Pastamehl (Type 00) (ersatzweise Weizenmehl Type 405)

3 Eier

½ TL Salz + Salz für das Kochwasser

Für die Füllung:

1 Glas (400 g) Artischockenherzen in Öl

1 Knoblauchzehe, durchgepresst

1 kleine Handvoll Basilikumblätter, gehackt

50 g Parmesan, gerieben

Salz und Pfeffer

Für die Tomatensauce:

400 g frische Tomaten, enthäutet und grob gehackt (oder 1 Dose geschälte Tomaten)

3 EL Olivenöl

1 Möhre, in dünne Scheiben geschnitten

1 Zwiebel, in feine Ringe geschnitten

1 Stange Sellerie, in dünne Scheiben geschnitten

2 EL frische, gehackte Kräuter (z. B. Basilikum, Oregano, Petersilie und Thymian) + Basilikumstreifen zum Garnieren

Salz und Pfeffer

1. Für die Sauce das Öl in einer Kasserolle erhitzen und Möhre, Zwiebel und Sellerie darin anbraten. Die Tomaten und die Kräuter dazugeben, das Ganze 20 Minuten bei geringer Hitze köcheln lassen und gegebenenfalls mit Salz und Pfeffer abschmecken.
2. Das Mehl auf die Arbeitfläche sieben und eine Mulde in die Mitte des Mehlbergs drücken. Die Eier und das Salz hineingeben. Mit einer Gabel vorsichtig von der Mitte nach außen rühren, bis das Mehl vollständig mit den Eiern vermischt ist. Den Teig anschließend 10–15 Minuten durchkneten, bis er weich und elastisch ist. In Frischhaltefolie einschlagen und 30 Minuten ruhen lassen.
3. Für die Füllung die Artischockenherzen mit Knoblauch, Basilikum und Parmesan mit dem Stabmixer zu einer glatten Mousse verrühren. Etwas Artischockenöl aus dem Glas hinzufügen, mit Salz und Pfeffer abschmecken.
4. Den Teig auf der trockenen, bemehlten Arbeitsfläche zu etwa 2 Millimeter dünnen Rechtecken ausrollen. Die Füllung entlang einer gedachten Linie in der Mitte des Rechtecks in regelmäßigen Abständen in kleinen Häufchen auf den Teig setzen. Den Teig rund um die Füllung mit einem nassen Pinsel anfeuchten. Die andere Teighälfte darüberklappen und rundherum leicht andrücken. Mit einem gezackten Ravioli-Ausstecher Halbmonde (Agnolotti) ausstechen und die Ränder gut andrücken.
5. Die Agnolotti 3–4 Minuten in reichlich kochendem Salzwasser garen.
6. Die Agnolotti abgießen, mit der Tomatensauce auf 4 Teller verteilen, mit Basilikum garnieren und sofort servieren.

Artischocken gehören zur Familie der Disteln und werden wegen ihrer essbaren Knospen kultiviert. Berühmt sind die *Carciofi alla romana*, Artischocken, die mit einer Farce aus Knoblauch, Minze, Olivenöl und Paniermehl gefüllt und anschließend im Backofen gebraten werden.

Agnolotti sind kleine gefüllte Teigtaschen. Sie stammen ursprünglich aus dem Piemont, wo man sie gewöhnlich mit einer Mischung aus Gemüse und Fleischresten füllte.

Tortellini mit Ricotta-Spinat-Füllung und Champignonsauce

400 g Tortellini mit Ricotta-Spinat-Füllung
300 g Champignons, ⅓ fein gehackt, ⅔ in Scheiben geschnitten
200 ml Gemüsebrühe
100 ml Sherry
100 g Sahne
Salz
frisch gemahlener Pfeffer

1. Die Brühe mit Sherry, Sahne und den gehackten Champignons in einen Topf geben und umrühren.
2. Aufkochen und die Flüssigkeit 10 Minuten bei geringer Hitze auf die Hälfte reduzieren lassen. Die Sauce anschließend durch ein Sieb passieren.
3. Inzwischen die Tortellini in reichlich kochendem Salzwasser garen.
4. Die Sauce noch einmal erhitzen, die Champignonscheiben hineingeben und 1 Minute köcheln lassen.
5. Die Tortellini abgießen, gut abtropfen lassen und mit der Sauce in tiefen Tellern anrichten, mit Pfeffer übermahlen und servieren.

Bunte Tortellini mit Paprikasauce

400 g Tortellini tricolore
1 rote Paprikaschote, gewürfelt
1 grüne Paprikaschote, gewürfelt
1 gelbe Paprikaschote, gewürfelt
200 ml Gemüsebrühe
100 ml trockener Weißwein
1 EL Tomatenmark

1. Die Brühe mit dem Weißwein erhitzen, das Tomatenmark einrühren und das Ganze 4 Minuten bei geringer Hitze köcheln lassen.
2. Die Paprikawürfel hinzufügen und weitere 4 Minuten köcheln lassen.
3. Die Tortellini in reichlich kochendem Salzwasser garen.
4. Die Tortellini abgießen, gut abtropfen lassen und auf kleine Schüsseln verteilen. Die Sauce darübergeben und sofort servieren.

Muschelnudeln mit Ricotta, Erbsen und Béchamelsauce

400 g große Muschelnudeln (Conchiglioni)
450 g Ricotta
200 g Erbsen
1 EL Butter
1 Schalotte, fein geschnitten
1 EL Mehl
200 ml Milch
100 g Parmesan, gerieben
Salz

1. Den Backofen auf 200 °C (Umluft 180 °C, Gas Stufe 6) vorheizen.
2. Für die Béchamelsauce die Butter in einer kleinen Kasserolle zerlassen. Die Schalotte darin weich dünsten. Das Mehl einrühren und 1 Minute kochen lassen, ohne dass es Farbe annimmt. Nach und nach die Milch einrühren. Die Sauce anschließend 1–2 Minuten bei geringer Hitze köcheln lassen und danach 50 Gramm Parmesan unterrühren.
3. Die Erbsen etwa 2 Minuten in kochendem Salzwasser weich garen.
4. Den Ricotta mit dem restlichen Parmesan verrühren und die Erbsen untermischen.
5. Die Nudeln in reichlich kochendem Salzwasser al dente garen, abgießen und auf einem Geschirrtuch abtropfen lassen.
6. Die Nudeln mit der Ricotta-Erbsen-Mischung füllen, in eine eingefettete Auflaufform schichten und jede Nudel mit etwas Béchamelsauce begießen.
7. Die Nudeln etwa 10 Minuten im Backofen backen.

Cannelloni mit Portulak, Ricotta und Tomatensauce

250 g Cannelloni, gegebenenfalls vorgekocht (die Packungsanweisung beachten)
500 g Portulak, gewaschen
200 g Ricotta
4 Tomaten, entkernt und gewürfelt
1 kleine Handvoll Basilikumblätter, gehackt
Salz und frisch gemahlener Pfeffer
Butter für die Form
50 g Parmesan, grob gerieben

Für die Tomatensauce:
400 g frische Tomaten oder 1 Dose geschälte Tomaten
3 EL Olivenöl
1 Möhre, fein gehackt
1 Zwiebel, fein geschnitten
1 Stange Sellerie, fein gehackt
2 Knoblauchzehen, geschält
1 rote Chilischote, entkernt und fein geschnitten
2 EL frisch gehackte Kräuter (z. B. Basilikum, Petersilie, Oregano und Thymian)

1. Den Backofen auf 200 °C (Umluft 180 °C, Gas Stufe 6) vorheizen.
2. Für die Tomatensauce die frischen Tomaten enthäuten und hacken. Dosentomaten in Stücke schneiden und abtropfen lassen.
3. Das Öl in einer Kasserolle erhitzen und Möhre, Zwiebel und Sellerie darin anschwitzen, bis die Zwiebel glasig ist. Knoblauch und Chili und danach die Tomaten und die Kräuter hinzufügen, mit Salz und Pfeffer abschmecken und das Gemüse bei geringer Hitze zu einer dicken Sauce einkochen lassen.
4. Inzwischen Wasser in einem großen Topf zum Kochen bringen und den Portulak darin zusammenfallen lassen. Anschließend abgießen und in einem Sieb abtropfen lassen. Dabei die Flüssigkeit möglichst vollständig aus den Blättern herauspressen.
5. Den Portulak in schmale Streifen schneiden, in einer Schüssel mit Tomaten, Basilikum und Ricotta vermengen und mit Salz und Pfeffer abschmecken.
6. Die Cannelloni mit der Portulakmischung füllen (dazu eignet sich am besten ein Spritzbeutel). Eine Auflaufform mit der Butter einfetten, die Cannelloni hineinschichten, mit der Tomatensauce übergießen und 30 Minuten im Backofen garen.
7. Die Cannelloni auf 4 Teller verteilen, mit dem Parmesan bestreuen und sofort servieren.

Portulak ist besonders reich an Omega-3-Fettsäuren. In vielen Ländern kennt man ihn nicht als Gemüse, sondern ausschließlich als Heilpflanze. Er soll die Herzfrequenz senken und Sodbrennen lindern. Die Griechen verwenden ihn bei Verstopfung und Entzündungen der Harnwege. Und der römische Schriftsteller und Gelehrte Plinius der Ältere empfahl, ihn wie ein Amulett am Körper zu tragen, um sich böse Geister vom Leib zu halten.

Tortellini mit Käsefüllung

400 g Tortellini mit Käsefüllung
½ EL Olivenöl
1 Knoblauchzehe, fein geschnitten
500 g Tomaten, geviertelt
200 ml Gemüsebrühe
1 Zweig Thymian
1 kleine Handvoll frisches Basilikum
1 kleine Handvoll frische Petersilie
Salz und Pfeffer
100 g Parmesan, gerieben

1. Das Öl in einer Kasserolle erhitzen und den Knoblauch und die Tomaten 1 Minute darin anbraten.
2. Die Brühe angießen und aufkochen lassen.
3. Die Wärmezufuhr verringern, die Kräuter hinzufügen, aber nicht unterrühren, und das Ganze 15 Minuten köcheln lassen.
4. Die Kräuter mit einem Schaumlöffel herausheben (sie haben ihr Aroma jetzt vollständig an die Brühe abgegeben), die Sauce mit dem Stabmixer pürieren und mit Salz und Pfeffer abschmecken.
5. Die Tortellini in reichlich kochendem Salzwasser al dente garen, anschließend abgießen und mit der Sauce vermengen.
6. Mit dem Parmesan bestreuen und sofort servieren.

Lasagne-Burger mit Tomate, Pesto und Ziegenkäse

8 Lasagneblätter
Salz
4 Tomaten, in Scheiben geschnitten
4 EL Pesto (siehe Rezept Seite 82)
400 g weicher Ziegenkäse, zerkrümelt
Olivenöl für die Form

1. Den Backofen auf 200 °C (Umluft 180 °C, Gas Stufe 6) vorheizen.
2. Die Lasagneblätter in reichlich kochendem Salzwasser al dente garen bzw. nach Packungsanweisung kochen.
3. Mit einem runden Ausstecher 16 Kreise aus den Blättern ausschneiden.
4. Eine Auflaufform mit Olivenöl einfetten und 4 ‚Lasagne-Burger' hineinsetzen: Dazu zunächst 4 Lasagnescheiben auf den Boden legen. Eine Schicht Ziegenkäse darauf verteilen, 1 Tomatenscheibe und danach wieder eine Lasagnescheibe darauflegen und darauf ½ Esslöffel Pesto verteilen. Den Vorgang so lange wiederholen, bis die Zutaten aufgebraucht sind. Den Abschluss sollte eine Lasagnescheibe bilden. Zum Schluss etwas Olivenöl darüberträufeln.
5. Die Lasagne-Burger etwa 5 Minuten im Backofen überbacken, bis der Käse zu schmelzen beginnt.

Dazu passt ein grüner Salat.

Cannelloni mit Spinat-Käse-Füllung

250 g Cannelloni
500 g Spinat, gewaschen und gehackt
1 kleine Handvoll Basilikumblätter, gehackt
250 g Hartkäse, gerieben (¼ zum Bestreuen aufheben)
Salz und frisch gemahlener Pfeffer
Butter für die Form
2 EL Pinienkerne

1. Den Backofen auf 200 °C (Umluft 180 °C, Gas Stufe 6) vorheizen.
2. Wasser in einem großen Topf zum Kochen bringen und den Spinat darin zusammenfallen lassen. Anschließend abgießen und in einem Sieb abtropfen lassen. Dabei die Flüssigkeit möglichst vollständig herauspressen.
3. Das Basilikum und etwas mehr als die Hälfte des Käses unter den Spinat mischen und mit Salz und Pfeffer abschmecken.
4. Eine Auflaufform mit Butter einfetten. Die Cannelloni mit dem Spinat füllen (dazu eignet sich am besten ein Spritzbeutel), in die Auflaufform schichten und mit dem restlichen Käse und den Pinienkernen bestreuen.
5. Die Cannelloni etwa 30 Minuten im Backofen garen, bis sie oben goldbraun sind.

Während das Basilikum in Italien als Symbol der Liebe gilt und in Frankreich sogar das ‚königliche Kraut' genannt wird, verbindet man damit in Griechenland eine ganze Reihe negativer Eigenschaften. In Afrika wiederum glaubt man, es schütze vor Skorpionen. Woran immer Sie glauben, wichtig ist vor allem, dass es möglichst frisch ist.

Ravioli mit Haselnuss-Mascarpone-Sauce

400 g Ravioli mit Steinpilzfüllung
150 g Haselnüsse
200 ml Gemüsebrühe
200 g Mascarpone
1 Handvoll Rucola, gehackt

1. Die Haselnüsse in der Küchenmaschine fein mahlen. Die Gemüsebrühe und den Mascarpone zu einer glatten Sauce verrühren. Die Nüsse untermischen, das Ganze 5 Minuten bei geringer Hitze köcheln lassen und anschließend mit dem Stabmixer zu einer homogenen Sauce verrühren.
2. Die Ravioli in reichlich kochendem Salzwasser al dente garen, abgießen, abtropfen lassen und auf Teller verteilen.
3. Etwas Sauce darübergeben, mit dem Rucola bestreuen und sofort servieren.

Chilischoten & Gewürze

Was wäre eine *salsa all'amatriciana* ohne die scharfen roten Chilischoten!? Pfeffer und andere Gewürze werden in der italienischen Küche zwar nur relativ sparsam verwendet, doch ohne sie würde ihr etwas fehlen.

Chilischoten *(peperoncini)*

Bei italienischer Küche denkt man nicht unbedingt an Schärfe, auch wenn die Süditaliener durchaus mit ein paar scharfen Gerichten aufwarten können. Und von den Bewohnern der Basilikata weiß man, dass sie ihre Chilischoten sogar selbst anbauen, und zwar nicht nur als Dekoration. Kein Wunder also, dass ihre Pastasaucen und Ragùs mitunter recht scharf sind. Am schärfsten sind die kleinsten Chilischoten. Sie werden selbst gezogen und auch selbst getrocknet, indem sie an den Hauswänden in der Sonne aufgehängt werden. Auch die apulischen Klassiker, etwa die berühmten *Orecchiette mit Brokkoli und Sardellen*, werden mit viel Chili gewürzt. Das Gleiche gilt für die Speisen, die sich die Schäfer in den Abruzzen kochen, wie zum Beispiel die *Spaghetti all'amatriciana* mit Schinken und getrockneten Chilischoten.

Pfeffer *(pepe)*

Wenn in einem italienischen Rezept Pfeffer verwendet wird, ist in der Regel frisch gemahlener schwarzer Pfeffer gemeint. Gelegentlich würzt man damit sogar den Pastateig. Die schwarzen Pünktchen verleihen ihm nicht nur ein dekoratives Aussehen, sondern auch ein bisschen Schärfe.

Muskatnuss *(noce moscata)*

Muskatnüsse werden in Italien stets frisch gerieben. Man verwendet sie zum Würzen einer Vielzahl von Speisen, vor allem von Fleisch oder auch Kürbis, mit dem man Ravioli füllt, und Béchamelsaucen. Auch viele Ragùs werden mit Muskat abgerundet.

Safran *(zafferano)*

Safran ist das teuerste aller Gewürze. Die dünnen Fäden verleihen Gerichten wie *Spaghetti allo zafferano* oder den sizilianischen Malloreddus (eine Art goldgelbe Gnocchi) ihre leuchtend gelbe Farbe und einen feinen Geschmack. Beim Safran handelt es sich um die Stempelfäden einer besonderen Krokusart, die in großem Stil auch in den Abruzzen kultiviert wird, wo man ihr – zu Recht – den Beinamen ‚Gold der Abruzzen' gegeben hat. Die Safranfäden vor dem Gebrauch zehn Minuten in warmem Wasser einweichen und nur sehr sparsam verwenden.

Gewürznelken *(giodo di garofano)*

Gewürznelken werden in der italienischen Küche nur sehr selten verwendet. Das sizilianische *cuscusu* (ein Couscous mit Fisch) wird gerne mit Gewürznelken und Lorbeerblättern verfeinert. Der Geschmack und das Aroma von frischem Basilikum erinnern entfernt an Gewürznelken, vor allem wenn es in Gegenden wächst, wo es viel Sonne bekommt. Ist das Basilikum nicht aromatisch genug, mischt man gelegentlich etwas gemahlene Gewürznelke unter ein frisches Pesto.

...AE·FVERVNT·PIETATIS·CAVSSA·TESTATVS·QVE...
...VM·AEDEM·DIVI·IVLIA·POSITI... VESTI...
...TALEM·CVRIAM·POPVLI·POTITVS... CONS...
...M·AGEBAM·SEPTVAGENSVMVM·SEXTVM...
...VNIVERSVS·APPELLAVIT·ME·PATREM·PATRIAE...
...IVLIA·ET·IN·FORO·AVG·SVB·QVADRIGIS·Q...
...VM·FVERVNT·TERTIVM·DECIMVM·CONS...
...ROMANAE·VEL·DIMISSIS·MILITIBVS·DENARI...
...TONANTIS·ET·FERETRI·APOLLINIS·DIV[I]
...RVM·DEVM·PENATIVM·IVVENTATIS·
...HALCIDICO·FORVM·AVGVSTVM·BA[SILICAM]
...·TRANS·TIBERIM·CAESARVM·
...THEATRVM·POMPEI·AQVARVM·R[
...A·ET·MVNERA·GLADIATORVM·
COLONIS·IN·ITALIA·OPPIDIS
[M]·AMICIS·SENATORIBVSQVE·

...VLI · SE...
M · QVI... MA...
IVLI MATRIS IVL...
SILICAM IVL...
...EFECI · CAP...
...VOS · VIAM
...ATQVE · ATH...
...IN · PROVI...
...QVORVM · ...

Register

A

Agnolotti
- ~ mit Artischocken-Mousse und Tomatensauce — 262

Alfabetini — 30
- Buchstabensuppe mit Meeresfrüchten — 124

Artischocken
- Agnolotti mit ~-Mousse und Tomatensauce — 262
- Tagliatelle mit ~herzen und Kapern — 142

Aubergine
- Makkaroni mit ~ und Mozzarella — 152
- Ravioli mit Paprikaschote, Ricotta, ~ und Mascarpone — 258

Austernpilze
- Lasagne mit Pilzen — 146

Avocado
- Penne mit Käse und ~ — 236

B

Balsamicoessig — 232
- Fusilli mit Lachs und Meeresfrüchten — 246
- Mezzi Rigatoni mit Hähnchenfilet und Spargel — 244

Basilikum — 132
- Fusilli mit Lammsauce — 174
- Linguine mit Scampi in Knoblauchsenf-Sauce — 182
- Pappardelle mit getrockneten Tomaten und Pinienkernen — 148
- Pipe rigate mit Parmaschinken und Erbsen — 176
- Pipe rigate mit Pecorino-Walnuss-Sauce — 222
- Röstgemüsesuppe mit Pipe rigate — 128
- Spaghetti alla napoletana — 72
- Spaghetti mit Oliven, Tomaten und Rucola — 140
- Trenette alla genovese — 82

Béchamelsauce
- Lasagne mit Mozzarella und ~ — 210
- Lasagne mit Pilzen — 146
- Muschelnudeln mit Ricotta, Erbsen und ~ — 266
- Überbackene Lasagne — 92

Birne
- Penne mit ~, Pistazien und Gorgonzola — 228

Bohnen
- Farfalle mit grünen ~ und Zuckerschoten — 152
- Minestrone — 102
- Minestrone mit Steinpilzen und Hähnchenfilets — 124
- Orecchiette mit ~ und Rosinen — 248
- Trenette alla genovese — 82

Bologneser Sauce
- Tagliatelle alla bolognese — 68

Bottarga
- Spaghetti mit ~ — 200

Bouillon
- Buchstabensuppe mit Meeresfrüchten — 124
- Gemüsesuppe mit Tortellini — 118
- Hühnerbrühe mit ‚Engelshaar' — 128
- Minestrone — 102
- Minestrone mit Steinpilzen und Hähnchenfilets — 124
- Pilzsuppe mit Muschelnudeln — 130
- Rinds~ mit Erbsen und Pappardelle — 118
- Rinds~ mit Spaghettini und Fleischbällchen — 114
- Tortellini in Rotwein~ — 120

Bresaola — 156
- Fusilli bucati mit ~ und Rucola — 238

Brokkoli
- Penne mit Sardellen und ~ — 194

Brühe, siehe Bouillon

Brunnenkresse
- Fusilli mit frischem Lachs, ~ und Meerrettich — 196

Bucatini — 26
- ~ all'amatriciana — 94
- ~ mit Sardinen — 74

C/D

Cannelloni — 30
- ~ mit Portulak, Ricotta und Tomatensauce — 270
- ~ mit Spinat-Käse-Füllung — 274

Capelli d'angelo — 26
- Hühnerbrühe mit ‚Engelshaar' — 128

Cashewkerne
- Pipe rigate mit Ricotta-Nuss-Sauce — 228

Chilischoten	278
Conchiglie	29
Muschelnudeln mit Garnelen in Dill-Sahne-Sauce	192
Pilzsuppe mit Muschelnudeln	130
Cravattine	
~ mit Jakobsmuscheln	186
Dill	
Muschelnudeln mit Garnelen in ~-Sahne-Sauce	192

E

Eiernudeln	
Agnolotti mit Artischocken-Mousse und Tomatensauce	262
Cravattine mit Jakobsmuscheln	186
Fazzoletti mit Krebsfleisch in Sahnesauce	188
Grüne Tagliatelle mit Hähnchenfilet in Weißweinsauce	160
Muschelnudeln mit Garnelen in Dill-Sahne-Sauce	192
Pappardelle alla carbonara mit grünem Spargel	212
‚Pasta-Bonbons' mit Räucherlachs und Zitronen-Sahne-Sauce	256
Pastateig, Grundrezept	37
Ravioli di magro	90
Ravioli mit Paprikaschote, Ricotta, Aubergine und Mascarpone	258
Stringhetti mit Safran	208
Tagliatelle alla bolognese	68
Tagliatelle mit Gorgonzola und Salbei	216
Tortellini mit Kalbfleisch und Parmesan	256
Erbsen	
Minestrone	102
Muschelnudeln mit Ricotta, ~ und Béchamelsauce	266
Pipe rigate mit Parmaschinken und ~	176
Rindsbouillon mit ~ und Pappardelle	118

F

Farfalle	29
~ auf Holzfäller-Art	78
~ mit grünen Bohnen und Zuckerschoten	152
Fazzoletti	
~ mit Krebsfleisch in Sahnesauce	188
Fenchel	
Bucatini mit Sardinen	74
Fettuccine	27
~ all'Alfredo	100
~ mit Spinat und Fontina	230
Fleisch- & Wurstspezialitäten, italienische	156
Fontina	204
Fettuccine mit Spinat und ~	230
Fusilli	29
Bunte ~ mit Zucchiniblüten	138
~ bucati mit Bresaola und Rucola	238
~ mit frischem Lachs, Brunnenkresse und Meerrettich	196
~ mit Lachs und Meeresfrüchten	246
~ mit Lammsauce	174

G

Garnelen	
Muschelnudeln mit ~ in Dill-Sahne-Sauce	192
Gefüllte Pasta	30
Gemüsesuppe	
Frische Tomatensuppe mit Orecchiette	116
~ mit Tortellini	118
Kohlsuppe mit Pesto	126
Minestrone	102
Röst~ mit Pipe rigate	128
Spinatcremesuppe mit Suppennudeln	114
Gewürze	278
Gewürznelken	278
Glasschmalz	
Tagliatelle mit Seebarsch und ~	184
Gnocchi	44
~ alla romana	88
~ mit frischem Krebsfleisch und Rucola	244
Ricotta-~	218
Gorgonzola	204
Farfalle auf Holzfäller-Art	78
Penne mit Birnen, Pistazien und ~	228
Tagliatelle mit ~ und Salbei	216
Grana	204

H

Hähnchen	
Grüne Tagliatelle mit ~filet in Weißweinsauce	160
Maccheroncini mit ~filet in Pilzsauce	166
Mezzi Rigatoni mit ~filet und Spargel	244
Minestrone mit Steinpilzen und ~filets	124

Hähnchenleber
    Tagliatelle alla bolognese — 68
Hase
    Pappardelle mit ~ragout — 80
Haselnüsse
    Ravioli mit ~-Mascarpone-Sauce — 276

J
Jakobsmuscheln
    Cravattine mit ~ — 186

K
Käse, italienischer — 204
Käse, reifer
    Cannelloni mit Spinat-Käse-Füllung — 274
    Lasagne ‚Drei Käse' — 210
    Penne mit Käse und Avocado — 236
Kalbfleisch
    Tortellini mit ~ und Parmesan — 256
Kapern — 252
    Penne mit Thunfisch-Tapenade — 248
    Spaghetti alla marinara — 108
    Tagliatelle mit Artischockenherzen und ~ — 142
Kartoffeln
    Kohlsuppe mit Pesto — 126
    Minestrone — 102
    Trenette alla genovese — 82
Kirschtomaten
    Lasagnette mit ~ und Knoblauch — 136
    Mezzi Rigatoni mit Hähnchenfilet und Spargel — 244
    Ricotta-Gnocchi — 218
Knoblauch — 214
    Lasagnette mit Kirschtomaten und ~ — 136
    Linguine mit Scampi in ~senf-Sauce — 182
    Ravioli mit Paprikaschote, Ricotta, ~ und Mascarpone — 258
    Spaghetti con aglio e olio — 98
    Spaghetti mit Bottarga — 200
    Spaghetti mit Venusmuscheln — 84
    Vollkorn-Penne mit Schweinswurst und geröstetem ~ — 170
Kräuter, frische — 132
    Pasta alle erbe — 132
Kräuteröl
    Tagliatelle mit Seebarsch und Glasschmalz — 184

Krebsfleisch
    Fazzoletti mit ~ in Sahnesauce — 188
    Fusilli mit Lachs und Meeresfrüchten — 246
    Gnocchi mit frischem ~ und Rucola — 244
Kurze Nudeln — 28, 29

L
Lachs
    Fusilli mit frischem ~, Brunnenkresse und Meerrettich — 196
    Fusilli mit ~ und Meeresfrüchten — 246
    Lasagnette mit ~ und Schnittlauch-Sahne-Sauce — 196
    ‚Pasta-Bonbons' mit Räucher~ und
        Zitronen-Sahne-Sauce — 256
Lamm
    Fusilli mit ~sauce — 174
Lange Nudeln — 26, 27
Lasagne — 26
    ~ ‚Drei Käse' — 210
    ~ mit Mozzarella und Béchamelsauce — 210
    ~ mit Pilzen — 146
    ~-Burger mit Tomate, Pesto und Ziegenkäse — 274
    Überbackene ~ — 92
Lasagnette — 29
    ~ mit Kirschtomaten und Knoblauch — 136
    ~ mit Lachs und Schnittlauch-Sahne-Sauce — 196
Linguine — 27
    ~ mit Salami — 176
    ~ mit Scampi in Knoblauchsenf-Sauce — 182
    Schwarze ~ mit Tintenfischsalat — 242
Lorbeer — 132
    Pappardelle mit Hasenragout — 80
    Tagliatelle alla bolognese — 68

M
Maccheroncini
    ~ mit Hähnchenfilet in Pilzsauce — 166
    ~ mit Pancetta und Mascarpone — 222
Makkaroni — 26
    ~ mit Aubergine und Mozzarella — 152
Mafaldine — 26
    ~ mit Salami — 166
Marinade
    Pappardelle mit Hasenragout — 80

Mascarpone	204
Farfalle auf Holzfäller-Art	78
Maccheroncini mit Pancetta und ~	222
Ravioli mit Haselnuss-~-Sauce	276
Ravioli mit Paprikaschote, Ricotta, Aubergine und ~	258
Meeresfrüchte	
Buchstabensuppe mit ~	124
Fusilli mit Lachs und ~	246
Schwarze Linguine mit Tintenfischsalat	242
Meerrettich	
Fusilli mit frischem Lachs, Brunnenkresse und ~	196
Mezzi Rigatoni	28
~ mit Hähnchenfilet und Spargel	244
~ mit Zuckerschoten und Thunfisch	236
Minestrone	102
~ mit Steinpilzen und Hähnchenfilets	124
Mozzarella	204
Lasagne mit ~ und Béchamelsauce	210
Makkaroni mit Aubergine und ~	152
Muschelnudeln	
~ mit Garnelen in Dill-Sahne-Sauce	192
~ mit Ricotta, Erbsen und Béchamelsauce	266
Pilzsuppe mit ~	130
Muskatnuss	278

O

Oliven	252
Fussili mit Lachs und Meeresfrüchten	246
Penne mit Thunfisch-Tapenade	248
Schwarze Linguine mit Tintenfischsalat	242
Spaghetti alla marinara	108
Spaghetti alla puttanesca	106
Spaghetti mit ~, Tomaten und Rucola	140
Tortiglioni mit Spinat und Tapenade	184
Olivenöl	96
Spaghetti con aglio e olio	98
Orecchiette	29
Frische Tomatensuppe mit ~	116
~ mit Bohnen und Rosinen	248
Oregano	132
Linguine mit Salami	176
Spaghetti mit Tomaten, Oliven und Rucola	140
Tortellini in Rotweinbouillon	120

P

Paglia e fieno	27
‚Stroh und Heu' mit rotem Pesto	150
Pancetta	156
Bucatini all'amatriciana	94
Maccheroncini mit ~ und Mascarpone	222
Penne alla carbonara	70
Rindsbouillon mit Erbsen und Pappardelle	118
Tagliatelle alla bolognese	68
Pappardelle	26
~ alla carbonara mit grünem Spargel	212
~ mit getrockneten Tomaten und Pinienkernen	148
~ mit Hasenragout	80
Rindsbouillon mit Erbsen und ~	118
Paprikaschote	
Bunte Tortellini mit Paprikasauce	264
Penne mit frischem Thunfisch und ~	192
Ravioli mit ~, Ricotta, Aubergine und Mascarpone	258
Vollkorn-Spaghetti mit Ziegenkäse und gerösteten ~	224
Parmaschinken	156
Pipe rigate mit ~ und Erbsen	176
Tortelloni mit rohem Schinken in Tomaten-Sahne-Sauce	164
Parmesan	204
Gnocchi alla romana	88
Lasagne ‚Drei Käse'	210
Tortellini mit Käsefüllung	272
Tortellini mit Kalbfleisch und ~	256
Tortiglioni mit Tomatensauce und ~	216
Pasta kochen	19
Pecorino	204
Bucatini all'amatriciana	94
Fusilli mit Lammsauce	174
Penne alla carbonara	70
Pipe rigate mit ~-Walnuss-Sauce	222
Tagliatelle mit Rinderfilet und Trüffelsauce	162
Vollkorn-Penne mit Schweinswurst und geröstetem Knoblauch	170
Penne	28
~ alla carbonara	70
~ mit Birnen, Pistazien und Gorgonzola	228
~ mit frischem Thunfisch und Paprikaschote	192
~ mit Käse und Avocado	236

~ mit Sardellen und Brokkoli	194
~ mit Thunfisch-Tapenade	248
Vollkorn-~ mit Schweinswurst und geröstetem Knoblauch	170

Perciatelli
- ~ mit pikanter Tomatensauce — 148

Pesto
- Kohlsuppe mit ~ — 126
- Lasagne-Burger mit Tomate, ~ und Ziegenkäse — 274
- ~ alla genovese — 110
- ‚Stroh und Heu' mit rotem ~ — 150
- Trenette alla genovese — 82

Petersilie — 132
- Tagliatelle mit ~-Zitronen-Öl — 136

Pfeffer — 278

Pilze
- Farfalle auf Holzfäller-Art — 78
- Fettuccelle mit Schweinefilet und ~-Sahne-Sauce — 172
- Lasagne mit ~ — 146
- Maccheroncini mit Hähnchenfilet in ~sauce — 166
- Pilzsuppe mit Muschelnudeln — 130
- Tagliatelle mit Frühlingsgemüse — 154
- Tortellini mit Ricotta-Spinat-Füllung und Champignonsauce — 264

Pinienkerne
- Bucatini mit Sardinen — 74
- Cannelloni mit Spinat-Käse-Füllung — 274
- Fettuccine mit Spinat und Fontina — 230
- Fusilli bucati mit Bresaola und Rucola — 238
- Pappardelle mit getrockneten Tomaten und ~ — 148
- Pesto alla genovese — 110
- Pipe rigate mit Ricotta-Nuss-Sauce — 228
- ‚Stroh und Heu' mit rotem Pesto — 150
- Tagliatelle mit Frühlingsgemüse — 154
- Tagliatelle mit Petersilien-Zitronen-Öl — 136
- Trenette alla genovese — 82

Pipe rigate — 28
- ~ mit Parmaschinken und Erbsen — 176
- ~ mit Pecorino-Walnuss-Sauce — 222
- ~ mit Ricotta-Nuss-Sauce — 228
- ~ mit Rindfleisch und San-Daniele-Schinken — 162
- Röstgemüsesuppe mit ~ — 128

Pistazien
- Penne mit Birnen, ~ und Gorgonzola — 228

Portulak
- Cannelloni mit ~, Ricotta und Tomatensauce — 270

R

Ragù — 68, 80

Rauke, siehe Rucola

Ravioli — 30, 38
- ~ di magro — 90
- ~ mit Haselnuss-Mascarpone-Sauce — 276
- ~ mit Paprikaschote, Ricotta, Aubergine und Mascarpone — 258

Ricotta — 204
- Cannelloni mit Portulak, ~ und Tomatensauce — 270
- Muschelnudeln mit ~, Erbsen und Béchamelsauce — 266
- Pipe rigate mit ~-Nuss-Sauce — 228
- Ravioli di magro — 90
- Ravioli mit Paprikaschote, ~, Aubergine und Mascarpone — 258
- ~-Gnocchi — 218
- Tortellini mit ~-Spinat-Füllung und Champignonsauce — 264

Ricotta salata — 204

Rindfleisch, gehackt
- Rindsbouillon mit Spaghettini und Fleischbällchen — 114
- Tagliatelle alla bolognese — 68
- Überbackene Lasagne — 92

Rindfleisch, geschmort
- Pipe rigate mit ~ und San-Daniele-Schinken — 162
- Tagliatelle mit Rinderfilet und Trüffelsauce — 162

Rosinen
- Bucatini mit Sardinen — 74
- Orecchiette mit Bohnen und ~ — 248

Rosmarin — 132
- Schwarze Linguine mit Tintenfischsalat — 242

Rotwein
- Fusilli mit Lammsauce — 174
- Pappardelle mit Hasenragout — 80
- Pipe rigate mit Rindfleisch und San-Daniele-Schinken — 162
- Tortellini in ~bouillon — 120
- Vollkorn-Penne mit Schweinswurst und geröstetem Knoblauch — 170

Rucola — 132
- Fusilli bucati mit Bresaola und ~ — 238
- Gnocchi mit frischem Krebsfleisch und ~ — 244
- Spaghetti mit Tomaten, Oliven und ~ — 140

S

Safran	278
Bucatini mit Sardinen	74
Stringhetti mit ~	208
Salami	156
Linguine mit ~	176
Salbei	132
Farfalle auf Holzfäller-Art	78
Ravioli di magro	90
Tagliatelle mit Gorgonzola und ~	216
San-Daniele-Schinken	156
Pipe rigate mit Rindfleisch und ~	162
Sardellen	178
Knusprig gebratene Spaghetti mit ~	202
Penne mit frischem Thunfisch und Paprikaschote	192
Penne mit ~ und Brokkoli	194
Penne mit Thunfisch-Tapenade	248
Spaghetti alla puttanesca	106
Sardinen	
Bucatini mit ~	74
Scampi	
Fusilli mit Lachs und Meeresfrüchten	246
Linguine mit ~ in Knoblauchsenf-Sauce	182
Schinken, gekochter	
Pappardelle alla carbonara mit grünem Spargel	212
Schinken, roher	
Tortelloni mit ~ und Tomaten-Sahne-Sauce	164
Schnittlauch	
Gnocchi mit frischem Krebsfleisch und Rucola	244
Lasagnette mit Lachs und ~Sahne-Sauce	196
Schweinefilet	
Fettucelle mit ~ in Pilz-Sahne-Sauce	172
Seebarsch	
Tagliatelle mit ~ und Glasschmalz	184
Senf	
Fusilli mit Lammsauce	174
Linguine mit Scampi in Knoblauch~-Sauce	182
Shiitakepilze	
Lasagne mit Pilzen	146
Spaghetti	27
Knusprig gebratene ~ mit Sardellen	202
~ alla marinara	108
~ alla napoletana	72
~ alla puttanesca	106
~ con aglio e olio	98
~ mit Bottarga	200
~ mit selbst gemachter Tomatensauce	140
~ mit Tomaten, Oliven und Rucola	140
~ mit Venusmuscheln	84
Vollkorn-~ mit Ziegenkäse und gerösteten Paprikaschoten	224
Spaghettini	27
Rindsbouillon mit ~ und Fleischbällchen	114
Spargel	
Mezzi Rigatoni mit Hähnchenfilet und ~	244
Pappardelle alla carbonara mit grünem ~	212
Speck	156
Bucatini all'amatriciana	94
Spinat	
Cannelloni mit ~-Käse-Füllung	274
Fettuccine mit ~ und Fontina	230
Ravioli di magro	90
~cremesuppe mit Suppennudeln	114
Tortellini mit Ricotta-~-Füllung und Champignonsauce	264
Tortiglioni mit ~ und Tapenade	184
Spitzkohl	
Kohlsuppe mit Pesto	126
Tagliatelle mit Rinderfilet und Trüffelsauce	162
Steinpilze	
Farfalle auf Holzfäller-Art	78
Minestrone mit ~ und Hähnchenfilets	124
Stringhetti	27
~ mit Safran	208

T

Tagliatelle	27, 40
Grüne ~ mit Hähnchenfilet in Weißweinsauce	160
~ alla bolognese	68
~ mit Artischockenherzen und Kapern	142
~ mit Frühlingsgemüse	154
~ mit Gorgonzola und Salbei	216
~ mit Petersilien-Zitronen-Öl	136
~ mit Rinderfilet und Trüffelsauce	162
~ mit Seebarsch und Glasschmalz	184

Tapenade
- Penne mit Thunfisch-~ 248
- Tortiglioni mit Spinat und ~ 184

Thunfisch
- Mezzi Rigatoni mit Zuckerschoten und ~ 236
- Penne mit frischem ~ und Paprikaschote 192
- Penne mit ~-Tapenade 248

Tintenfisch
- Fusilli mit Lachs und Meeresfrüchten 246
- Schwarze Linguine mit ~salat 242

Tomaten, italienische 220
- Frische ~suppe mit Orecchiette 116
- Lasagne-Burger mit ~, Pesto und Ziegenkäse 274
- Pappardelle mit getrockneten ~ und Pinienkernen 148
- Spaghetti mit Oliven, ~ und Rucola 140

Tomatensauce
- Agnolotti mit Artischocken-Mousse und ~ 262
- Cannelloni mit Portulak, Ricotta und ~ 270
- Perciatelli mit pikanter ~ 148
- Spaghetti mit selbst gemachter ~ 140
- Spaghetti alla marinara 108
- Spaghetti alla napoletana 70
- Tortelloni mit rohem Schinken und Tomaten-Sahne-Sauce 164
- Tortiglioni mit ~ und Parmesan 216

Tortellini 30, 39
- Bunte ~ mit Paprikasauce 264
- Gemüsesuppe mit ~ 118
- ~ in Rotweinbouillon 120
- ~ mit Käsefüllung 272
- ~ mit Kalbfleisch und Parmesan 256
- ~ mit Ricotta-Spinat-Füllung und Champignonsauce 264
- ~ mit rohem Schinken und Tomaten-Sahne-Sauce 164

Tortiglioni 28
- ~ mit Spinat und Tapenade 184
- ~ mit Tomatensauce und Parmesan 216

Trenette 27
- ~ alla genovese 82

Trüffel
- Tagliatelle mit Rinderfilet und ~sauce 162

V/W

Venusmuscheln
- Spaghetti mit ~ 84

Walnüsse
- Pipe rigate mit Pecorino-~-Sauce 222

Weißwein
- Buchstabensuppe mit Meeresfrüchten 124
- Bunte Fusilli mit Zucchiniblüten 138
- Bunte Tortellini mit Paprikasauce 264
- Farfalle auf Holzfäller-Art 78
- Grüne Tagliatelle mit Hähnchenfilet in ~sauce 160
- Maccheroncini mit Hähnchenfilet in Pilzsauce 166
- Schwarze Linguine mit Tintenfischsalat 242
- Spaghetti mit Venusmuscheln 84
- Stringhetti mit Safran 208
- Tagliatelle alla bolognese 68
- Tortelloni mit rohem Schinken und Tomaten-Sahne-Sauce 164

Wurst
- Fleisch- & ~spezialitäten, italienische 156
- Mafaldine mit Salami 166
- Vollkorn-Penne mit Schweins~ und geröstetem Knoblauch 170

Z

Ziegenkäse
- Lasagne ‚Drei Käse' 210
- Lasagne-Burger mit Tomate, Pesto und ~ 274
- Vollkorn-Spaghetti mit ~ und gerösteten Paprikaschoten 224

Zitrone
- ‚Pasta-Bonbons' mit Räucherlachs und ~-Sahne-Sauce 256
- Tagliatelle mit Petersilien-~-Öl 136

Zucchini
- Bunte Fusilli mit ~blüten 138
- Grüne Tagliatelle mit Hähnchenfilet in Weißweinsauce 160
- Tagliatelle mit Frühlingsgemüse 154

Zuckerschoten
- Farfalle mit grünen Bohnen und ~ 152
- Mezzi Rigatoni mit ~ und Thunfisch 236